Teresa A. K. Kaya | Hans Kahlau
Praxisbuch Lebendige Biografiearbeit mit Märchen

www.ingramcontent.com/pod-product-compliance
Lightning Source LLC
Chambersburg PA
CBHW071439230926
51846CB00001B/286
* 9 7 8 9 4 0 3 5 4 0 0 7 8 *

Teresa A. K. Kaya | Hans Kahlau

Praxisbuch Lebendige Biografiearbeit mit Märchen

Mit Online-Materialien

BELTZ JUVENTA

Die Autorin/der Autor

Teresa A. K. Kaya ist promovierte Diakoniewissenschaftlerin und als Dozentin für Soziale Arbeit, im sozialen Projektmanagement und als Trainerin für Biografiearbeit tätig.

Hans Kahlau ist Gestalttherapeut, Erwachsenenbildner und Trainer für Biografiearbeit. Tätig ist er als Workshop- und Seminarleiter im kirchlichen Bildungsbereich mit Schwerpunkt Männerarbeit.

Lebens Mutig
Gesellschaft
für Biografiearbeit e.V.

MIX
Papier aus verantwortungsvollen Quellen
FSC® C089473
FSC www.fsc.org

Dieses Buch ist erhältlich als:
ISBN 978-3-7799-6445-2 Print
ISBN 978-3-7799-5760-7 E-Book (PDF)

1. Auflage 2021

Illustrationen Innenteil: © gettyimages/Tetiana Garkusha, OnstOn, undefined undefined
Herstellung: Ulrike Poppel
Satz: text plus form, Dresden
Druck und Bindung: Beltz Grafische Betriebe, Bad Langensalza
Printed in Germany

Weitere Informationen zu unseren Autor*innen und Titeln finden Sie unter: www.beltz.de

Vorwort

„Das wunderbarste Märchen ist das Leben selbst." (Hans Christian Andersen)[1]

Das Interesse am Menschen mit seinem individuellen Lebensweg brachte uns vor einigen Jahren zur Biografiearbeit. Immer wieder staunen wir über die heilsame Wirkung biografischen Arbeitens für die Menschen, die wir – einzeln oder in Gruppen – begleiten.

Der Begriff Biografie kommt aus dem griechischen und heißt wörtlich übersetzt „Lebensbeschreibung". Im „Biografischen Arbeiten" oder in der „Biografie-Arbeit" kommt in dem Wort „Arbeit" die aktive Auseinandersetzung zum Ausdruck und meint hier die bewusste Beschäftigung mit dem Leben eines Menschen – mit seiner ihm eigenen Biografie. Dabei blicken wir in die persönliche Vergangenheit – das dient der Lebensbilanzierung. Wir blicken aber auch in die gegebene Gegenwart – verknüpfen also das bisher Erlebte dieses Menschen mit seiner aktuellen Lebenswelt und Lebensbewältigung. Und: Wir dürfen auch einen Blick in seine Zukunft wagen, denn so, wie dieser Mensch sein Leben bisher gestaltet hat, können wir erspüren, wo seine Möglichkeiten und Stärken liegen, es auch künftig gut bewältigen zu können.

Biografiearbeit hat einen ressourcenorientierten Blick auf den Menschen. Wir arbeiten mit dem, was bereits verfügbar ist – nicht mit dem, was fehlt oder unverfügbar ist. Biografiearbeit ist immer handlungsorientiert – also keine ausschließlich theoretische oder rein philosophische Betrachtung: Sie befasst sich vielmehr konkret mit dem, was für den Menschen umsetzbar ist. Sie legt dabei die Erfahrungen der einzelnen Personen zugrunde und richtet sich an ihnen aus. Biografiearbeit hat deshalb immer auch unmittelbar mit dem Alltag des Menschen zu tun.

Grundsätzlich ist biografisches Arbeiten für Menschen in jedem Alter und in allen Lebensphasen möglich und hilfreich – also nicht auf ältere Menschen beschränkt: Rückschau, Gegenwartsbetrachtung und ein perspektivisches Nach-vorne-Schauen macht immer wieder Sinn – ganz besonders in allen Übergangssituationen.

Biografiearbeit nimmt geschichtliche, gesellschaftliche oder auch politische Umwelten des Menschen in den Blick: Denn wir sind alle Kinder unserer Zeit und Epoche. Wie jede Bildungsarbeit, so beruht auch Biografiearbeit auf

1 Dänischer Märchendichter (1805–1875).

dem Prinzip der Freiwilligkeit und Vertraulichkeit: Niemand muss irgendetwas machen oder sagen, wenn er/sie es nicht möchte. Und was geschieht oder gesprochen wird, geht in keiner Weise nach außen, sondern wird vertraulich behandelt! Und deshalb gilt auch: In der Biografiearbeit gibt es keine „Themenverfehlung". Das Preisgegebene darf seinen Platz im Raum bekommen und wird gewürdigt!

Anderen mit ihren Lebensentwürfen zu begegnen, sich auszutauschen, gibt neue Orientierung und ermutigt zu einem selbstbestimmten (eben nicht fremdbestimmten) Leben. So betrachtet ist Biografiearbeit ein wertvoller Beitrag zur Identitätsbildung eines Menschen. Jeder von uns konstruiert sich seine Wirklichkeit immer wieder aufs Neue. Die Begegnung mit anderen hilft uns, uns selbst zu finden. Oder wie Martin Buber es ausgedrückt hat: „Der Mensch wird am Du zum Ich". Eine solche „dialogische" Biografiearbeit fördert aus unserer Perspektive deshalb in diesen Begegnungen – ob in der Begleitung Einzelner oder im Gruppenkontext – immer auch die Toleranz und Achtsamkeit im Umgang miteinander sowie die gegenseitige Wertschätzung!

Biografiearbeit hat sich längst in vielen Bereichen der Sozialen Arbeit etabliert.[2] Das hat sicher mit der zunehmenden Individualisierung der Lebensentwürfe zu tun – und in der Folge mit dem Bedürfnis nach Orientierung. Wenn bekannte Lebensmodelle und bisher gültige Ordnungen ins Wanken geraten oder wenn nahezu alle Lebensentwürfe machbar sind, dann kommt oft aus Verunsicherung der Wunsch auf, das eigene Leben letztlich in ein „größeres Ganzes" zu stellen. Die postmoderne Identität ist brüchig und fragil geworden. Hier macht Biografiearbeit den Menschen ein niederschwelliges Angebot und liefert methodische Ansätze und Handlungsmöglichkeiten. Erinnerungen werden geweckt, Gegenwärtiges neu entdeckt und Pläne für die Zukunft geschmiedet. Biografiearbeit wird damit zum Vehikel für viele Menschen, sich selbst wohlwollend gegenüberzutreten.

Als besonders wertvoll für eine lebendige Biografiearbeit haben wir den Einsatz von Märchen erfahren. Denn Märchen befassen sich mit zeitlosen – gewissermaßen archetypischen – Lebensthemen und spielen in den unterschiedlichsten Kulturkreisen seit Jahrhunderten eine bedeutende Rolle. Man darf mit Märchen an etwas Vertrautes anknüpfen und doch zugleich den Märcheninhalt ganz neu und auf das eigene (Er-)Leben beziehen!

Wir haben dieses Buch als Praxisbuch angelegt, einerseits für Gruppenleiter*innen, die gerne mit Märchen biografisch arbeiten wollen und Inspirationen für das „Wie" suchen, andererseits für Einzelpersonen, die über Märchen einen Zugang zu ihren eigenen Lebensthemen finden wollen.

---

2 Entsprechend viele Methoden haben sich inzwischen entwickelt (vgl. bspw. Auer et al. 2020).

Allen Leser*innen, die zu unserem Buch gegriffen haben, um sich selbst mithilfe von Märchen mit ihrer Biografie auseinanderzusetzen, wünschen wir anregende Impulse und Möglichkeiten einer freundlichen Begegnung mit dem Auf und Ab des Lebens. Den Gruppenleiter*innen hoffen wir einen hilfreichen Fundus bereichernder Ideen an die Hand zu geben und sie für das Arbeiten mit Märchen zu begeistern.

Teresa A. K. Kaya und Hans Kahlau
Heidelberg und Ludwigsburg im Februar 2021

Inhalt

Einleitung

Warum gerade Märchen in der Biografiearbeit? Und warum diese Auswahl?

Im deutschen Sprachraum sind Märchen vor allem durch die Sammlung der Brüder Grimm bekannt geworden. Die zuvor hauptsächlich mündlich überlieferten Geschichten wurden Anfang des 19. Jahrhunderts durch die Brüder Jacob und Wilhelm Grimm erstmals einem breiten Publikum schriftlich zugänglich gemacht. Sie waren zunächst nur für Erwachsene und erst später auch für Kinder gedacht. Seither sind diese als „Hausmärchen" bezeichneten Geschichten aus kaum einer Biografie wegzudenken. Ob als Buch, Theaterstück, Motiv in Zeichentrick- oder Spielfilmen oder als Hörspiele: Märchen begleiten uns meist von Kindesbeinen an in verschiedenen Lebensabschnitten. Allein das ist schon Grund genug, Märcheninhalte für das biografische Arbeiten mit Menschen methodisch zum Einsatz zu bringen. Märchen haben eine verlässliche Struktur, wohl jede*r weiß sofort, dass es sich um ein Märchen handelt, wenn die berühmten Sätze „Es war einmal..." und „Und wenn sie nicht gestorben sind, so leben sie noch heute." fallen. Häufig bestimmen – ganz wie im wirklichen Leben – herausfordernde Bewährungsproben und verhängnisvolle Lebenswendungen, wie beispielsweise der Tod der Eltern, das Leben der Protagonist*innen. Die Geschichten, wie das Leben sie schreibt, sind durchzogen von tiefgründiger Symbolik und führen in fantastische Welten, in denen Tiere sprechen können und Zauberkräfte existieren. Metaphorische Glaubenssätze und Wertvorstellungen werden darin transportiert. Das alles beflügelt die Fantasie und ergibt Stoff genug für ein kreatives biografisches Arbeiten im Rahmen von Erwachsenenbildung und Persönlichkeitsentwicklung.

Unter den Hunderten von Märchen – neben denen der Gebrüder Grimm sind beispielsweise in Deutschland auch die von Wilhelm Hauff und Hans Christian Andersen beliebt – eine Auswahl zu treffen, fiel wahrlich nicht leicht. Verschiedene Aspekte waren uns Maßstab bei der Selektion: Zum einen war uns die gute Verwendbarkeit im Kontext von Erwachsenenpädagogik, und hier besonders ein breites Themenspektrum für die Biografiearbeit mit Menschen, wichtig. Zum anderen ging es um eine gute Übertragbarkeit der Märchenthemen in die Lebenswirklichkeit von uns heutigen Menschen. Wir konnten bei der Märchenwahl aus unserer eigenen Erfahrung in der Arbeit mit Gruppen und der Einzelbegleitung schöpfen und auch auf bereits erprobte Anwendungen zurückgreifen. Ganz sicher lassen sich aber auch noch ganz andere Märchen – auch solche aus anderen Kulturkreisen – für die Biografiearbeit nutzen. Der Kreativität der Leser*innen sind keine Grenzen gesetzt.

An dieser Stelle ist uns wichtig, dass neben Märchen natürlich auch Sagen, Mythen, biblische Erzählungen, Gedichte, Dramen, Romane, Filme, Songtexte usw. viel Stoff für biografisches Arbeiten hergeben: Alles, was uns im Inneren berührt, ist Material für Biografiearbeit! Wir haben uns im vorliegenden Buch jedoch vor dem Hintergrund der genannten Aspekte ganz bewusst auf den Einsatz von Märchen konzentriert.

Für wen ist dieses Buch gedacht – und wie kann man es lesen?

Wie schon im Vorwort erwähnt, richtet sich dieses Buch hauptsächlich an Übungsleiter*innen von Angeboten in der Erwachsenenbildung. Dies können Frauen- oder Männerkreise, ebenso gemischt-geschlechtliche Gesprächskreise in Arbeitsfeldern der Sozialen Arbeit sein oder andere Formate in der kirchlichen bzw. sonstigen Bildungsarbeit (z. B. VHS). Ebenso hilfreich sind die Buchinhalte für Planer*innen und Referent*innen in Familienbildungs- oder Tagungsstätten oder anderen Bildungshäusern auf der Suche nach interessanten Themenstellungen. Auch Alltagsbetreuer*innen oder ehrenamtlich Engagierten in Altenpflegeheimen kann unser Buch für die Seniorenbetreuung bei entsprechender Anpassung an die Zielgruppe wertvolle Impulse geben.

Die Inhalte können ebenso Trainer*innen, Lebensberater*innen, Therapeut*innen und Coaches/Coachinnen zur Anregung dienen, wenn sie mit ihren Klient*innen an bestimmten Lebensphasen oder Lebensthemen biografisch arbeiten. Märchen entfalten in solchen Settings im Sinne von Persönlichkeitsentwicklung schlicht oft ihren Wert an sich.

Und natürlich bieten die Buchinhalte auch all den Leser*innen hilfreiche Anregungen zur persönlichen Weiterarbeit, die sich ganz für sich selbst mit ihrer eigenen Biografie beschäftigen möchten. Dazu eignen sich zahlreiche Einzelübungen. Auch manche Gruppenmethode bietet Ansätze für die Einzelarbeit und lässt sich mit kleinen Veränderungen umgestalten.

Sie sind gerne dazu eingeladen, alle Buchkapitel chronologisch zu lesen. Es ist jedoch nicht nötig. Ganz bewusst haben wir das Buch so gestaltet, dass es als Praxisbuch genutzt – und damit gezielt aufgeschlagen – werden kann. Bei der Themensuche kann neben dem Inhaltsverzeichnis besonders das alphabetische Stichwortverzeichnis der Aspekte aus den Märchen für die Biografiearbeit im Anhang hilfreich sein.

Die insgesamt 58 methodischen Ideen haben wir passend zu den Lebensthemen und Lebensfragen in den Märchen-Kapiteln ausgewählt. Sie sind als Vorschläge zu verstehen, die je nach Zielsetzung und Setting sowie persönlichen Vorlieben anders genutzt werden können. Denn wir sind davon überzeugt, dass eine gelungene Biografiearbeit wesentlich von einer authentischen Anleitung abhängt. Die Methode muss zum Thema, zur Gruppe und vor allem auch zum bzw. zur Anleitenden passen.

Wie sind die Kapitel eingeteilt und wie lässt sich damit arbeiten?

Bewusst haben wir für die einzelnen Kapitel bei jedem beschriebenen Märchen ein immer gleiches Schema gewählt:

- Unter *„Auf einen Blick"* finden Sie das Wesentliche im Überblick, also die behandelten Themenschwerpunkte und Praxisimpulse.
- Unter *„Das Märchen"* stellen wir immer eine komprimierte Fassung des Märchens voran. Diese Zusammenfassung mit unseren eigenen Worten hat unter anderem verlags- und urheberrechtliche Gründe. Deshalb empfehlen wir zur Vorbereitung unbedingt einen vergleichenden Blick in die Märchen-Originalfassung. Gerade die „typische Märchensprache", man-

Abbildung 1: Der vergleichende Blick in den Originaltext eines Märchens lohnt sich auf jeden Fall – sowohl in der Planungsphase als auch in der Umsetzungsphase einer Biografiearbeit

ches eingängige Bild, die eine oder andere Redewendung oder manch pfiffiger Dialog bereichern ganz besonders die Anwendung in der Biografiearbeit.

- Unter *„Verborgene Motive – Worum geht's?"* finden sich jeweils Überlegungen zu den thematischen Aspekten, die in den Märchen enthalten sind. Dabei wollen wir den Leser*innen den Blick schärfen für die „Geschichte hinter der Geschichte" und erste Deutungsmuster anbieten. Dabei sind es erst einmal unsere Deutungen als Autorin und Autor. Sie wurden aus psychologischer[1] und biografischer Perspektive beschrieben, erheben aber nicht den Anspruch, allumfassend oder gar allgemeingültig zu sein. Andere Deutungen – auch die von Teilnehmer*innen der Gruppe – sind sehr willkommen.
- Unter *„Aspekte für die Biografiearbeit – Lebensthemen und Lebensfragen"* stellen wir stets konkrete Ansätze zur Verfügung, mit deren Hilfe man Menschen dazu anleiten kann, den Märcheninhalt mit der persönlichen Lebenserfahrung zu verknüpfen und in den Austausch darüber zu kommen. Möglicherweise entdecken Leser*innen oder Gruppenteilnehmer*innen in den vorgestellten Märchen aber noch ganz andere Themen und Fragen. Dann dürfen diese gerne einfließen.
- Unter *„Impulse und kreative Ideen für die Biografiearbeit mit Gruppen"* geben wir schließlich zu jedem Märchen methodische Anregungen zur vertieften Weiterarbeit am Märchenthema. Als Leser*in dürfen Sie diesen Abschnitt als ein „Brainstorming" von Autor und Autorin verstehen. Dieser Textteil ist deshalb auch – je Märchen – mal mehr mal weniger ausführlich ausgefallen. Die methodischen Ideen sollen für Sie als Inspirationsquelle zum eigenen Weiterdenken und Weiterspinnen am Ideenfaden dienen. Sie kennen Ihr Vorhaben und Ihren Personenkreis schließlich am besten!
- Unter *„Fazit – Wozu uns das Märchen einlädt"* sind alle vorherigen Abschnitte noch einmal kurz und prägnant zusammengefasst.

Ausdrücklich verzichtet haben wir auf detaillierte Verlaufsskizzen, denn jede Zielgruppe und jedes Setting erfordert hier eine individuelle Planung. In der Bildungsarbeit mit Erwachsenen erfahrene Gruppenleiter*innen sind mit den Grundlagen der Dramaturgie bei der Behandlung eines Themas bereits vertraut. Dennoch sei an dieser Stelle das Vier-Phasen-Modell für den Aufbau von Seminaren kurz umrissen. Am Beginn der Einheit steht in *Phase 1* das Kennenlernen und Miteinander-Warmwerden (Warming-up). Darauf folgt in *Phase 2* die Annäherung an das konkrete Thema und in *Phase 3* die

1 Zahlreiche inspirierende Impulse dazu findet man in: Frey 2017.

Themenvertiefung – vor allem durch selbsterfahrungsorientierte Methoden. Bevor man gegen Ende mit *Phase 4* – der Ausklangphase – wieder in der realen Welt „auftaucht", das gemeinsam Erfahrene festigt und für den Lebensalltag der Teilnehmer*innen übertragbar macht sowie das Ergebnis sichert.

Im Blick auf biografisches Arbeiten mit Märchen auf Grundlage unseres Buches bedeutet dies: Für die *Phase 1* (Warming-up) geben wir keine auf das konkrete Märchen bezogenen individuellen Empfehlungen, weil jede Gruppe und jeder/jede Leiter*in eigene Formen und Rituale entwickelt hat. In Bezug auf das Arbeiten mit Märchen allgemein kann es hier aber hilfreich sein, die Kennenlern- bzw. Namensrunde mit märchentypischen Gegenständen oder Bildkarten (z. B. Märchenfiguren, Märchenbücher oder Abbildungen daraus) zu verknüpfen. Die Gegenstände oder Karten liegen für die Teilnehmer*innen aus und aus dem Material darf man sich spontan etwas aussuchen. Die Teilnehmer*innen stellen sich nun kurz vor und sagen etwas dazu, warum sie gerade diesen Gegenstand oder dieses Bild ausgewählt haben. So ist man bereits im Themenfeld „Märchen" angekommen und hat sich miteinander vertraut machen können. Alternativ könnte jeder/jede Teilnehmer*in verdeckt ein Märchenzitat (z. B. einen Satz, Zauberspruch o. ä.) ziehen und zusätzlich zur persönlichen Vorstellung zu erraten versuchen, aus welchem Märchen dieses Zitat stammt.

In *Phase 2* geht es um die Annäherung an das konkret ausgewählte Märchen. Man kann im Gruppensetting nicht voraussetzen, dass alle Teilnehmer*innen auf demselben Wissensstand zum ausgewählten Märchen sind. Um diesen gleichen Wissenstand herzustellen, eignet sich eine Vielzahl an unterschiedlichen Zugängen. Zum Beispiel kann in Kleingruppen oder im Plenum ein Brainstorming zur Frage „Was fällt mir zu dem Märchen ein?" erfolgen, in Einzelarbeit kann der Text gelesen, gemeinsam ein Hörspiel angehört oder auch mithilfe eines kurzen Films das Märchen ins Gedächtnis gerufen werden. Ebenso ist denkbar, dass man das Märchen in der Gesamtgruppe in verteilten Rollen liest oder alternativ einzelne Szenen anspielt. Aus unseren Buchkapiteln sind in dieser *Phase 2* vor allem sicher die jeweiligen Abschnitte *„Das Märchen"* sowie *„Verborgene Motive – Worum geht's?"* für die Planung und Durchführung hilfreich.

Am Beginn der Vertiefungsphase *(Phase 3)* kann bereits die schlichte Impulsfrage „Was können wir aus der Märchengeschichte lernen, wenn wir ein wenig zwischen den Zeilen lesen?" eine lebendige Gesprächsrunde auslösen, in der die Teilnehmer*innen ihre persönlichen Einfälle und Eindrücke schildern. Noch tiefer ist der Einstieg allerdings, wenn man die in unseren Kapiteln jeweils aufgeführten *„Aspekte für die Biografiearbeit: Lebensthemen und Lebensfragen"* aufgreift, einstreut oder als Impuls für eine Einzel-, Kleingruppen- oder Plenumsrunde verwendet. Für eine lebendige, selbsterfahrungsorientierte Arbeit schließlich helfen – ebenfalls in dieser *Phase 3* – unsere je Märchenkapitel ausgeführten Gedanken unter *„Impulse und kreative Ideen für die Biografiearbeit"* weiter. In diesem Abschnitt finden sich aber auch bereits Ansätze für die *Phase 4* – also zur Reflexion des Erlebten und zum Ausklang der Einheit.

Die vorgestellten Methoden sind entsprechend der Phasen 2 bis 4 betitelt als „Einführende Methode", „Vertiefende Methode" und „Methode zum Ausklang". Die einführenden Methoden geben praktische Anregungen, sich den Lebensthemen anzunähern. Mithilfe der vertiefenden Methoden können einzelne Aspekte intensiver betrachtet werden. Und die Methoden zum Ausklang halten Ideen für den Abschluss der biografischen Einheit bereit. Einige Methoden sind zudem visuell in Abbildungen dargestellt und exemplarisch verbildlicht.

Als Hilfestellung für die Durchführung von Biografiearbeit mit den behandelten Märchen bieten wir verschiedene Online-Materialien zum Download (OM) an. In den Beschreibungen der Methoden finden Sie dazu jeweils einen Hinweis. Und im Anhang sind zusätzlich alle verfügbaren Online-Materialien komplett aufgeführt. Hier finden Sie auch Hinweise dazu, wie der Download funktioniert.

Welche Lebensthemen finden sich in den Kapiteln?

Allen neun Märchen ist die große Bandbreite an implizierten Lebensbezügen gemein. Dennoch lassen sich gewisse Schwerpunkte herausfiltern und verschiedenen Biografie-Strängen zuordnen. Insgesamt werden rund 50 thematische Aspekte beleuchtet. Das Spektrum reicht von A wie Abhängigkeit („Vom Fischer und seiner Frau") oder Angst („Hänsel und Gretel") über L wie Loslassen („Hans im Glück") bis zu Z wie Zuversicht („Hänsel und Gretel"). Mehr dazu finden Sie im Stichwortverzeichnis im Anhang. Um eine größtmögliche Vielzahl unterschiedlicher Aspekte abzudecken, haben wir Bezüge in den Märchen unterschiedlich gewichtet.[2] Das heißt, während in manchen Märchen einige Aspekte stärker zum Tragen kommen, sind sie in anderen Märchen eher im Hintergrund gehalten.

2 Eine Besonderheit ergibt sich bei den Märchen „Die Prinzessin auf der Erbse" und dem Märchen „Der Eisenhans". Da sie beide Aspekte für die Betrachtung der Geschlechterbiografie ansprechen, bietet es sich an, sie entweder in geschlechtergemischten Gruppen einander gegenüberzustellen oder sie in geschlechterhomogenen Kleingruppen für eine gewisse Zeitperiode aufzuteilen. In reinen Frauen- oder Männergruppen eignet sich „Der Eisenhans" speziell für die Arbeit mit Männern und „Die Prinzessin auf der Erbse" für die Arbeit mit Frauen. Auf diese Weise können Frauen wie Männer „unter sich" geschlechterspezifische Aspekte betrachten. Dies birgt die Chance einer besonders intimen Stimmung und schafft Raum für einen expliziten Fokus auf die Geschlechterbiografie.

Nun kann die Reise in die Welt der Märchen beginnen. Entdecken Sie in den folgenden Kapiteln die Vielfalt der Möglichkeiten, Märchen in der Biografiearbeit wirkungsvoll zu nutzen.

Aschenputtel (Gebrüder Grimm)

Von Trauer und Mobbing – von Mut und authentischem Leben

Auf einen Blick

Themenschwerpunkte: Trauer, Hoffnung, Demütigung, Spott und Mobbing, Authentizität

Praxisimpulse: „Was ist Trauer?", „Trauerorte", „Kränkungen und Stärkungen", „Mein wahres Leben", „Echt ich"

Das Märchen

Vor langer Zeit lebte ein Mädchen, das sehr traurig war. Denn seine Mutter war gestorben. Das Mädchen besuchte täglich das Grab seiner Mutter und weinte schrecklich über ihren Tod. Nach einem Jahr heiratete der Vater eine Frau, die zwei Töchter hatte. Die Stiefmutter bevorzugte ihre leiblichen Töchter gegenüber dem Mädchen, das all seine schönen Kleider gegen einen Kittel und Holzschuhe tauschen musste. Alle Aufgaben aus dem Haushalt übertrug die neue Frau an ihre Stieftochter. Obwohl sie so schwer schuften musste, hatte sie nicht einmal ein Bett, auf das sie sich abends nach getaner Arbeit legen durfte. Stattdessen legte sie sich neben den Herd in die schwarze Asche. Die Stiefschwestern nannten das Mädchen daher spöttisch Aschenputtel.

Als der Vater eines Tages eine Reise unternahm, wünschten sich die Stiefschwestern von ihm neue Kleider als Mitbringsel. Aschenputtel hingegen bat um einen Zweig von unterwegs. Der Vater brachte den Stiefschwestern also kostbare Kleider sowie Schmuck und Aschenputtel einen Haselstrauchzweig von seiner Reise mit. Aschenputtel grub den Zweig auf dem Grab ihrer Mutter ein, wo er prächtig gedieh und zu einem mächtigen Baum heranwuchs.

Der König rief unterdessen ein großes Fest aus, zu dem alle Mädchen des Landes eingeladen wurden. Das Fest sollte drei Tage dauern und die Stiefschwestern kleideten sich begeistert in ihr feinstes Garn und trugen ihren neuen Schmuck. Auch Aschenputtel wollte gerne mitgehen und bat ihre Stiefmutter darum. Die aber schüttete viele Linsen in die Asche und erwiderte: „Wenn du es schaffst, sie in einer Stunde aufzusammeln, darfst du mitgehen." Das Mädchen rief ihre Freunde, die Vögel herbei, die ihr gerne halfen. „Die guten ins Töpfchen, die schlechten ins Kröpfchen." Obwohl Aschenputtel die

Bedingung der Stiefmutter erfüllte, hielt diese ihr Versprechen nicht, sondern überlegte sich eine neue List. „Du hast ja gar keine passenden Kleider für ein solches Fest." Da lief Aschenputtel traurig ans Grab ihrer Mutter und rief verzweifelt: „Bäumchen rüttel dich, Bäumchen schüttel dich, wirf Gold und Silber über mich." Da warf ein Vogel, der im Baum saß, ein zauberhaftes Kleid und glitzernde Schuhe auf Aschenputtel. Sie eilte in diesem edlen Aufzug zum Ball des Königs. Dort war zwar auch die Stiefmutter mit den beiden Stiefschwestern, aber da Aschenputtel so schön war, erkannten sie sie nicht. Der Königssohn konnte seine Augen nicht mehr von ihr abwenden und tanzte nur mit Aschenputtel. Er hätte das schöne Mädchen gerne heimbegleitet, aber Aschenputtel eilte schnell zum Haselnussbaum und gab die schönen Kleider an den Vogel zurück. Der Königssohn kam, um das schöne Mädchen zu suchen. Er fand aber nur ein schmutziges Aschenputtel, das über und über mit Asche bedeckt war. Am nächsten Tag ging das Fest weiter und Aschenputtel machte sich wieder auf den Weg zum Haselnussbaum, der ihr schon am Tag zuvor so wunderbar geholfen hatte und rief erneut: „Bäumchen rüttel dich, Bäumchen schüttel dich, wirf Gold und Silber über mich." Der Vogel im Baum gab ihr daraufhin ein noch schöneres Kleid. Alle Gäste, aber insbesondere der König richteten ihre Blicke auf das Mädchen in diesem besonderen Gewand. Der Königssohn tanzte wiederum nur mit Aschenputtel. Als er ihr folgen wollte, entwischte sie jedoch wieder. Und er fand wieder nur Aschenputtel in der Küche vor, die in ihrem Kittel in der Asche lag. Am dritten und letzten Festtag schenkte der Vogel dem Mädchen ein so besonders schönes Kleid, wie niemand zuvor es gesehen hatte. Die Ballgäste waren sprachlos. Der Königssohn tanzte wieder die ganze Nacht ausschließlich mit Aschenputtel. Wieder gelang es ihm nicht, dem geheimnisvollen Mädchen zu folgen. Lediglich ein Schuh, den das Mädchen bei seinem überstürzten Aufbruch verloren hatte, blieb dem Königssohn. Und er verkündete: „Nur das Mädchen, dem dieser Schuh passt, soll meine Frau werden." Die Stiefschwestern freuten sich, denn sie wollten um jeden Preis in diesen Schuh passen. Die Ältere hatte zu große Füße und wollte sie hineinpressen, was ihr nicht gelingen wollte. Kurzerhand schnitt sie ihren großen Zeh ab und ging unter Schmerzen zum Königssohn. Der schöpfte tatsächlich zunächst keinen Verdacht und ritt mit seiner vermeintlichen Braut los. Als die beiden am Haselnussstrauch vorbeikamen, rief ein Vogel: „Rucke di guh, Blut ist im Schuh. Der Schuh ist zu klein, die rechte Braut sitzt noch daheim." Die jüngere Schwester witterte ihre Chance. Aber auch ihre Füße wollten nicht in den Schuh passen, daher schnitt sie ihre Ferse ab. Wieder ritt der Königssohn mit ihr fort und wieder rief der Vogel als die beiden am Haselnussstrauch vorbeikamen: „Rucke di guh, Blut ist im Schuh. Der Schuh ist zu klein, die echte Braut sitzt noch daheim." Da fragte der Königssohn, ob es noch eine Tochter gäbe. „Nur Aschenputtel", erwiderte der Vater, der den Königssohn gleich abweisen wollte. Aber der bestand darauf, Aschenputtel zu sehen. Sie verneigte sich vor ihm und schlüpfte in den Schuh, der ihr perfekt passte. Der Königssohn erkannte das schöne Mädchen in Aschenputtel und sagte: „Das ist die rechte Braut." Die Stiefmutter und die beiden Stiefschwestern wurden bleich vor Ärger und am Ende für ihre Bosheiten bestraft.

Der Königssohn ritt mit Aschenputtel glücklich davon. Als sie den Haselnussstrauch passierten, rief der Vogel: „Rucke di guh, Rucke di guh, kein Blut ist im Schuh. Der Schuh ist nicht zu klein, die rechte Braut, die führt er heim."

Verborgene Motive – Worum geht's?

Wir tauchen sogleich in die schwerwiegenden Nöte der Protagonistin ein: Das Mädchen hat gerade erst die geliebte Mutter verloren und als wäre dies nicht schlimm genug, heiratet der Vater eine Frau, die ihr nicht wohlgesonnen ist. Mehr noch, die Stiefmutter macht der Stieftochter, die von ihren leiblichen Töchtern voller Hohn als Aschenputtel verspottet und immer wieder aufs Neue gedemütigt wird, auf gemeinste Weise das Leben schwer. Trost findet die Tochter nicht beim Vater, der im Märchen schwach und hilflos wirkt, sondern am Grab der geliebten Mutter.

Aschenputtel scheint sich zunächst völlig genügsam den Gegebenheiten zu fügen und arbeitet fleißig die ihr zugetragenen Aufgaben ab. Selbst als der Vater den drei Töchtern etwas von seiner Reise mitbringen möchte, wünscht sich Aschenputtel im Gegensatz zu ihren Stiefschwestern keine materiellen Kostbarkeiten, wie Kleidung und Schmuck, sondern einen einfachen Zweig vom Haselnussstrauch, den sie auf das Grab ihrer Mutter pflanzt.

Der Zweig trägt Früchte und erhält mitsamt der „Freunde" Aschenputtels, den Vögeln, eine Schlüsselfunktion im Märchen. Denn trotz aller Bescheidenheit und Trauer möchte auch Aschenputtel am königlichen Fest teilnehmen. Die Stiefmutter verwehrt ihr diesen Wunsch auf üble Art und Weise. Zunächst lässt sie Aschenputtel nämlich Hoffnung schöpfen. Nur um sie dann umso herber zu enttäuschen: Obwohl sie alle Aufgaben wie aufgetragen erledigt hat, gibt sie ihr keine passende Kleidung – diese ist aber zwingend nötig, um den Ball besuchen zu können. Nur der Vogel, der im Baum wohnt, kann Aschenputtel geben, worum sie bittet.

Auffällig ist die wahrlich passive Rolle des Vaters, der seiner leiblichen Tochter zwar etwas von seiner Reise mitbringt, jedoch ansonsten kaum in Erscheinung tritt und ihr keinerlei Trost zukommen lässt. Das Mädchen vertraut in erster Linie auf die Unterstützung der verstorbenen Mutter, die auch tatsächlich durch das Bäumchen hindurch zu wirken scheint, als Aschenputtel verzweifelt um passende Kleidung für das Fest bittet. Helfende Freunde sind ihr die Vögel, die ihr fleißig und arbeitsam zur Seite stehen. Darüber hinaus enttarnen sie auch die „falschen“ Bräute des Prinzen, also die Stiefschwestern. Im krassen Gegensatz zu den Vogel-Freunden stehen die Stiefmutter und ihre leiblichen Töchter für Faulheit, berechnendes Kalkül und – in den Szenen, wo sich die Stiefschwestern ihre Zehen oder Fersen abschneiden, um in den Schuh zu passen – sogar für eitle Selbstverletzung.

Deutlich zeigt das Märchen auf, dass es keinen Erfolg bringt, sich selbst in jemand anderes Schuh zu zwängen. Über die Kostbarkeit der Authentizität kann nichts hinwegtäuschen: Aschenputtel ist die rechte Braut, auch ohne all den Zauber des Bäumchens, der ihr zu kostbarer Kleidung verhalf. Letztlich wird die wahre Braut, nämlich Aschenputtel, vom Königssohn gefunden. Diese Wendung offenbart eine große Zuversicht. Selbst in aussichtsloser Lage gibt Aschenputtel die Hoffnung nicht auf. Sie hätte wählen können, sich ihrem Schicksal als Waisenkind zu ergeben und der Dinge zu harren. Stattdessen macht sie sich mutig auf den Weg, bittet stets aktiv um Hilfe und erhält diese auch.

Aspekte für die Biografiearbeit: Lebensthemen und Lebensfragen

Zentrale Lebensthemen, die in „Aschenputtel“ zum Tragen kommen, sind Trauer und Hoffnung, Spott und Mobbing sowie Authentizität. Folgende Fragen können bei der inhaltlichen Beschäftigung hilfreich sein:

Trauer und Hoffnung

- Wie wurde in meiner Familie getrauert?
- Durfte ich als Kind schon Beerdigungen beiwohnen?
- An welchen Orten wurde Trauer gelebt?
- In welchen hoffnungslosen Momenten fand ich Hoffnung? Durch wen oder was?

Demütigungen, Spott und Mobbing

- Inwiefern habe ich in meinem Leben Demütigungen, Spott oder Mobbing erfahren?
- In welcher Rolle habe ich dies erlebt? (Betroffene*r, Beteiligte*r, Zeuge/Zeugin etc.)?
- Wann war das und wie ging es mir dabei?
- Wie geht es mir heute damit?

Authentizität

- Was bedeutet Authentizität für mich?
- Wie wichtig ist es mir, mein Leben authentisch zu leben?

- Wann habe ich mich in die Schuhe anderer gezwängt (gefühlt)? Mit welchen Folgen?

Impulse und kreative Ideen für die Biografiearbeit

Thema „Trauer“

Einführende Methode als Gruppen- und Einzelarbeit:
Schreibübung „Was ist Trauer?“

Um in das Thema behutsam einzusteigen bietet sich ein Brainstorming zum Begriff Trauer gemeinsam im Plenum an. Der/die Trainer*in sammelt die Assoziationen der Teilnehmer*innen auf einem Flipchart zu der Frage „Was verbinde ich mit Trauer?“.

Anschließend werden die Teilnehmer*innen gebeten, sich Papier und Stift zu nehmen und zum Begriff Trauer spontan ein Akrostichon zu verfassen. Jeder Buchstabe des Begriffs ist gleichzeitig der erste Buchstabe für einen Begriff, der auf Trauer verweist, z. B.

T = Tränen
R = Reisen
A = Abstand
U = Unruhe
E = Erlebtes
R = Reste

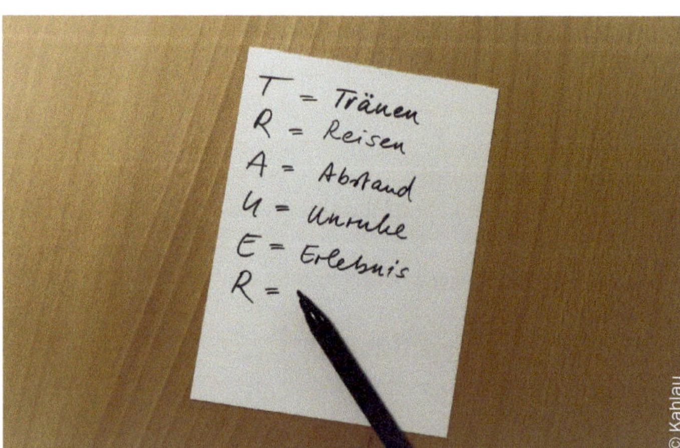

Abbildung 2: Ein Akrostichon wird geschrieben

Vertiefende Methode in Gruppenarbeit: Schreibübung „Trauerorte“

In der Mitte des Raumes oder auf einem Tisch liegen verschiedene symbolische Postkarten, die mögliche Trauerorte zeigen (wie z. B. Friedhof, stille Gartenbank, Baum, Kirche, Kapelle, Altar, Heiligenfigur oder Aussichtspunkt).

Die Teilnehmer*innen werden gebeten, sich die Karten in Ruhe anzusehen und eine der Karten auszuwählen. Anschließend erfolgt in Einzelarbeit eine schriftliche Einheit mit dem Satzbeginn „An diesem Trauerort kann ich…“. Alternativ oder ergänzend ist ein Zwiegespräch mit anderen Teilnehmer*innen möglich, wobei man sich gegenseitig die gewählte Bildkarte zeigt und die Motivation erläutert, warum man dieses Bild gewählt hat.

Methode zum Ausklang in Einzelarbeit: Kreativübung „Auf dem aufsteigenden Ast“

In der Raummitte steht eine Vase mit Ästen. Die Teilnehmer*innen erhalten nun den Auftrag, auf Papier-Vögeln, die mit einem Faden zum Aufhängen versehen sind, festzuhalten, welche Ergebnisse sie mitnehmen wollen. Auch darf Raum finden, welche Dinge, Personen, Orte etc. zum Trost bei Trauer beitragen.

Die so gestalteten Vögelchen dürfen nun Platz auf den Ästen nehmen. Möglich ist dann entweder eine Präsentationsrunde der Vögel im Plenum oder alternativ eine stille Einheit von ca. fünf Minuten, in der die Teilnehmer*innen schweigend die mit Vögeln geschmückten Äste betrachten können.

Thema „Demütigungen und Spott“

Einführende Methode in Einzelarbeit: Schreibübung „Kränkungen und Stärkungen“

Die Teilnehmer*innen erhalten je ein Arbeitsblatt (*► OM1*). Auf dem Arbeitsblatt sind zwei Spalten, die ausgefüllt werden dürfen. Während in einer Spalte kränkende Sätze Platz finden, die man schon einmal zu hören bekam, finden in der anderen Spalte stärkende, motivierende Sätze Raum. Dieser Überblick von einerseits verächtlichen und andererseits wertschätzenden Botschaften kann einmal in Situationen der Demütigung wieder wertvoll sein.

OM1: Arbeitsblatt „Kränkungen und Stärkungen“ © Kaya/Kahlau

Vertiefende Methode in Gruppenarbeit: Schreibübung „Gute Wünsche“

Die folgende Methode eignet sich zum Beispiel nach einer Erzählrunde darüber, wo Teilnehmer*innen in ihrem Leben schon selbst Demütigungen und Spott erfahren haben. Das Ziel ist ein Wieder-Gerade-Rücken solcher demütigenden Erfahrungen. Jede*r Teilnehmer*in erhält dafür ein Arbeitsblatt (► *OM2*), auf dem oben Platz ist, um den eigenen Namen einzufügen.

Danach kommen zwei Spalten mit den Überschriften „An Dir mag ich besonders…“ und „Ich wünsche Dir für Dein Leben…“. Die Arbeitsblätter werden – nachdem jede*r seinen/ihren Namen ergänzt hat – jeweils nach rechts an den oder die Sitznachbar*in weitergereicht. In einer Schreibrunde füllen die Teilnehmer*innen, auf die Person bezogen, der das Blatt gehört, die Spalten mit ihren wohlwollenden Gedanken. Danach geht das Blatt weiter nach rechts – bis es am Ende wieder beim/bei der Besitzer*in ankommt. Die Teilnehmer*innen haben anschließend Zeit, die von anderen notierten Sätze in Ruhe zu lesen und auf sich wirken zu lassen. Ohne auf Details (der geschriebenen Sätze) einzugehen, besteht in einem Schluss-Blitzlicht die Möglichkeit, über die Übung zu sprechen. Anregende Fragen könnten sein: „Wie ist es Ihnen/Euch mit der Übung ergangen?“, „Wie geht es euch jetzt?“.

OM2: Arbeitsblatt „Gute Wünsche“ © Kaya/Kahlau

Abbildung 3: Blumenpflücken erlaubt! Ein Strauß voller guter Eigenschaften, das erfreut

Methode zum Ausklang in Gruppenarbeit:
Kreativübung „Blumen pflücken"
Im Raum liegen verteilt verschiedene Blüten (Vorlage dafür: ▸ *OM3*) mit Schlagworten wie „einzigartig", „humorvoll", „ideenreich" u.v.m. Die Teilnehmer*innen gehen nun „Blumen pflücken". Das heißt, sie suchen sich aus den Blüten die für sich passenden heraus und kreieren sich einen individuellen Blumenstrauß. Anschließend erhalten alle Farb- sowie Klebestifte und ein DIN-A3-Blatt, auf dem die Blumen zum Blumenstrauß gestaltet werden. Diesen Strauß stellen sie sich in Zweier-Teams vor.

OM3: Vorlage „Blumen pflücken" © Kaya/Kahlau

Thema „Authentisches Leben"

Einführende Methode in Gruppenarbeit:
Brainstorming mit Moderationskarten „Mein wahres Leben"
Die Teilnehmer*innen erhalten die Aufgabe, auf Karten Ergänzungen zum Satzanfang „Ich fühle mich besonders authentisch, wenn…" zu verfassen. Anschließend werden die Karten im Plenum vorgestellt und an einem Flipchart oder Whiteboard gesammelt. Welche Gemeinsamkeiten und Unterschiede ergeben sich in der Gruppe zum Thema Authentizität?

Vertiefende Methode in Gruppenarbeit:
Kreativübung „Schuhsammlung"
Eine möglichst vielfältige Schuhsammlung[3] (Einzelschuhe) wird in die Mitte gelegt: Damen- und Herrenschuhe, Kindergrößen ebenso wie große Größen, Stiefel, Sandalen, Schuhe mit Absatz, modische Schuhe, Arbeitsschuhe, Sportschuhe, alte Schuhe, neue Schuhe, Sommerschuhe, Winterschuhe, Schuhe in allen Farben etc.

Aus dieser Fülle wählt jeder/jede Teilnehmer*in zwei Schuhe unter den Aspekten „Dieser Schuh passt zu mir/gefällt mir sehr gut/würde ich sofort tragen, weil…" und „Dieser Schuh passt überhaupt nicht zu mir/gefällt mir gar nicht/würde ich niemals tragen, weil…".

Nachdem alle Teilnehmer*innen zwei Schuhe ausgewählt und darüber berichtet haben, gibt es eine zweite Runde. In dieser Plenumsrunde sprechen nicht die Teilnehmer*innen, sondern die Schuhe, z.B. „Ich passe besonders

3 Wenn es eine Gruppe ist, die regelmäßig zusammenkommt, kann man im Voraus darum bitten, für die Sitzung Schuhe mitzubringen. Es ist auch denkbar, Bilder von Schuhen – z.B. aus dem Werbeprospekt der Schuhgeschäfte – auszuschneiden und symbolisch einzusetzen.

gut zu (Name des Teilnehmers oder der Teilnehmerin), weil…“ oder „Ich passe kein bisschen zu (Name des/der sprechenden Teilnehmer*in), weil…“.

Auf diese spielerische und humorvolle Weise finden die Teilnehmer*innen zu authentischen Selbstaussagen und das metaphorische Bild vom Schuh eines anderen, der nicht passt, wird zum Leben erweckt.

Methode zum Ausklang in Einzelarbeit: Schreibübung „Echt ich“
Die Teilnehmer*innen erhalten eine Figur aus Papier, auf die sie ihre ganz individuellen Merkmale notieren oder malen, also all das, was sie als Person ausmacht. Anschließend werden die Figuren im Plenum vorgestellt und auf einem Flipchart platziert. So entsteht eine bunte Gemeinschaft aus einzigartigen Menschen.

Fazit – Wozu uns das Märchen einlädt
Bei der biografischen Arbeit mit Aschenputtel betrachten wir herausfordernde, existentielle Lebenssituationen, wie den Verlust eines nahestehenden Menschen. Die eigenen Erfahrungen mit Zurückweisungen, Demütigungen und Spott finden spannende Anknüpfungspunkte im Märchen. Außerdem dürfen wir uns selbst begegnen und uns fragen, wer wir wirklich sind und was es heißt, ein authentisches Leben zu leben.

Die Bremer Stadtmusikanten (Gebrüder Grimm)

Von wegen „ausgedient“ – aktiv neue Pfade betreten

Auf einen Blick

Themenschwerpunkte: Jeder kann etwas, unverhofft das Glück finden, gemeinsam sind wir stark

Praxisimpulse: „Tierische Musikant*innen im Profil“, „Spurensuche der Talente“, „Zeitstrahl“, „Kofferpacken“, „Lebenstüte“, „Tagebucheintrag in zehn Jahren“, „Zukunftsstuhl“

Das Märchen

Ein Esel hatte lange Jahre seinem Herrn gedient. Nun war er müde und alt und nicht mehr so tüchtig wie einst. Deshalb wollte ihn sein Herr loswerden. Das bemerkte der Esel und floh nach Bremen, wo er gerne als Stadtmusiker leben wollte.

Auf seinem Weg dorthin begegnete er einem Jagdhund, der müde und erschöpft wirkte. Der Hund erzählte dem Esel: „Ich bin alt und kann nicht mehr so jagen wie einst. Mein Herr wollte mich daher totschlagen. Deshalb habe ich Reißaus genommen. Aber wie soll ich nur überleben?“ Da schlug ihm der Esel vor, ihn nach Bremen zu begleiten: „Ich spiele die Laute und du kannst die Pauke schlagen.“ Der Hund war einverstanden und so gingen sie beide gemeinsam weiter.

Nach kurzer Zeit sahen sie am Wegrand eine Katze, die traurig wirkte. Der Esel sprach die Katze an: „Weshalb bist du so traurig?“ Die Katze antwortete: „Meine Zähne sind nicht mehr scharf und ich sitze lieber am warmen Ofen als nach Mäusen zu jagen. Das gefiel meiner Besitzerin nicht und sie wollte mich ertränken. Deshalb bin ich weggegangen. Aber ich weiß nicht, wohin.“, jammerte die Katze. „Komm mit uns und werde Stadtmusikantin“, meinte der Esel. Die Katze stimmte zu und so gingen die drei gemeinsam weiter.

Als sie an einem Hof vorbeikamen hörten sie einen Hahn schreien. „Was ist los, Hahn?“, fragte der Esel ihn. „Morgen kommt Besuch und die Hofbesitzerin hat der Köchin aufgetragen, mich in der Suppe zu kochen. Deshalb schreie ich, solange ich es noch kann.“ Der Esel meinte: „Begleite uns nach Bremen. Mit deiner Stimme kannst du mit uns dort musizieren.“ Der Hahn überlegte nicht lange und begleitete die drei anderen. Bremen war noch weit entfernt und so übernachteten sie im Wald, wo sich Esel und Hund unter einen Baum legten und die Katze und der Hahn in die Äste setzten. Der Hahn flog bis ganz oben in die Baumspitze, wo er sich noch einmal umsah, bevor er die Augen schloss. Da sah er in weiter Ferne ein Licht. Sofort sagte er den anderen Bescheid: „Ich glaube, dort ist ein Haus.“ Der Esel schlug vor, sich dorthin auf den Weg zu machen, in der Hoffnung auf ein besseres Nachtlager und etwas zum Essen und Trinken. Das Licht wurde immer größer, bis sie tatsächlich ein Haus vorfanden. Der Esel lugte durchs Fenster und sah einen gedeckten Tisch, an dem sich Räuber labten. Die Tiere überlegten, wie sie es anstellen könnten, die Räuber herauszujagen und auch etwas vom Festmahl abzubekommen. Schließlich hatten sie einen Einfall. Der Esel stellte sich vor das Fenster, auf den Esel kletterte der Hund, auf den Hund die Katze und schließlich flog der Hahn der Katze auf den Kopf. Auf ein Zeichen hin stimmten sie alle ein: Der Esel schrie, der Hund bellte, die Katze miaute und der Hahn krähte und stürzten sich durch das Fenster. Die Räuber erschraken fürchterlich vor dem vermeintlichen Gespenst und rannten in den Wald. Zufrieden nahmen die vier Tiere Platz am Tisch und aßen sich satt und tranken dazu. Anschließend löschten sie das Licht und suchten sich einen bequemen Schlafplatz. Der Esel legte sich auf den Mist, der Hund hinter die Tür, die Katze auf den warmen Herd und der Hahn flog auf den Balken. So schliefen sie zufrieden ein. Die Räuber hatten derweil das Haus beobachtet. Als sie bemerkten, dass nach Mitternacht kein Licht mehr brannte, meinte der Hauptmann: „Wir hätten uns nicht vertreiben lassen sollen!“ Er schickte einen seiner Männer zum Haus, um die Lage zu sichten. Dieser ging also in das dunkle Haus und wollte ein Feuer anzünden. Dabei hatte er die Augen der Katze mit glühenden Kohlen verwechselt und ein Schwefelhölzchen darangehalten, um es zu entzünden. Die Katze sprang ihm daraufhin mit ausgefahrenen Krallen ins Gesicht und der Mann fuhr herum zur Tür. Der dort liegende Hund biss ihn ins Bein und der Esel gab ihm noch einen Tritt mit dem Hinterfuß. Der Hahn war ebenfalls aufgewacht und schrie laut „kikeriki“. Der Räuber machte sich auf und davon so schnell er konnte. Wieder bei den anderen angekommen, berichtete er dem Hauptmann von einer schrecklichen Hexe, die ihm mit ihren langen Nägeln das Gesicht zerkratzt habe. Vor der Tür stehe zudem ein Mann, der ihn mit seinem Messer angegriffen habe, auf dem Hof stünde ein schwarzes Ungetüm mit einer Holzkeule, mit der es auf ihn eingeschlagen habe und oben auf dem Dach säße ein Richter, der nach ihm gerufen habe. Deshalb sei er weggerannt. Fortan trauten sich die Räuber nie mehr in das Haus zurück. Den vier Bremer Stadtmusikanten hingegen gefiel es so gut, dass sie für immer dort blieben.

Verborgene Motive – Worum geht's?

Esel, Hund, Katze und Hahn sind die Tiere, die mit ihren unterschiedlichen Talenten den Menschen jahrelang Arbeit abnehmen. Der Esel trägt schwere Lasten, der Hund ist treuer Jagdhelfer und die Katze fängt Mäuse. Der Hahn hat lange auf die Hennen geachtet und muss nun sein Leben geben, um zum köstlichen Mahl für die Gäste zu werden. Die Tiere haben also alle loyal ihren Dienst getan und damit auch die Existenzgrundlage „ihrer" Menschen gesichert. Aber alle haben nun offenbar „ausgedient".

Doch als erster ergibt sich der Esel nicht seinem Schicksal sondern fasst einen Plan: Er geht trotz seines hohen Alters fort von seinem altbekannten Zuhause. Frei nach dem Motto „es kann nur besser werden" macht er sich auf die Reise in eine neue Zukunft.

Auf seinem zunächst recht einsamen Weg trifft er erst den Hund, dann die Katze und schließlich den Hahn. Mit dem Satz „Etwas Besseres als den Tod findest du überall!" kann er alle drei mühelos davon überzeugen, dass woanders noch ein gutes Leben auf sie wartet. Das Ziel: Bremen. Dabei erreichen die Kameraden die verheißungsvolle Stadt nie, sondern finden ihr Glück bereits auf dem Weg in einem Haus im Wald. Der Weg wird für die Freunde letztlich zum Ziel. So unterschiedlich Esel, Hund, Katze und Hahn sein mögen, haben sie doch einiges gemeinsam:

- Sie teilen die Erfahrung, ab sofort zum „alten Eisen" zu gehören und damit von ihren Besitzer*innen als lästig und wertlos abgetan zu werden.
- Aber sie entdecken auch: Jede*r kann – selbst im fortgeschrittenen Alter noch – etwas Besonderes, kann etwas beitragen und sich mit seinem Talent einbringen.
- Und: Gemeinsam sind sie sogar richtig stark! Mehr noch, nur gemeinsam können sie sich ein neues Leben aufbauen.

Die Bremer Stadtmusikanten brechen ihre Zelte ab in der Hoffnung auf ein besseres Leben – und werden belohnt mit Freundschaft, Wertschätzung und einem friedlichen Alterssitz. Sie wagen es, ihre Talente und Kompetenzen neu zu betrachten, wertzuschätzen und sich für entsprechend angepasste Möglichkeiten zu öffnen. Die Haltung „Nichts ist beständiger als der Wandel" verhilft ihnen zu einem neuen, selbstbestimmten Leben.

Aspekte für die Biografiearbeit: Lebensthemen und Lebensfragen

Jeder kann etwas

Mindestens ein Talent hat jeder Mensch. Und manche Kompetenz zahlt sich erst im reiferen Alter richtig aus:

- Wo liegen meine Talente? Was kann ich besonders gut? In welcher Lebensphase habe ich diese Talente entdecken dürfen? Wo setze ich sie heute ein?
- Welche Kompetenzen habe ich mir im Laufe meines Lebens aneignen können – und wo kann ich diese Fähigkeiten heute einsetzen (auch wenn ich vielleicht schon zu den Älteren gehöre oder von anderen zum „alten Eisen" gezählt werde)?

Unverhofft das Glück finden

- Wann sah es bei mir bereits nach einem Ende aus – und schließlich wurde daraus doch ein Neubeginn?
- Wo wartete rückblickend für mich das Glück, wo ich es nicht vermutet hatte?
- Wann wurden meine Hoffnungen auf Verbesserung meiner Lebensqualität noch übertroffen?
- Wie mutig bin ich, wenn es darum geht, Altes hinter mir zu lassen und neue Horizonte zu suchen?
- In welchen Situationen lohnte es sich für mich, mich auf den Weg zu machen und mich aus meiner Komfortzone herauszubewegen? Was war damals für mich „Bremen" (die Stadt neuer Hoffnung)? Habe ich das Ziel erreicht? Oder war auch da eher der Weg das Ziel?
- Was macht mich zurzeit besonders neugierig und motiviert mich, Neues zu wagen?
- Wie will ich im Alter einmal leben?

Gemeinsam sind wir stark

- Welche Freundschaften haben sich bei mir als besonders wertvoll erwiesen und weshalb?
- Welche Weggefährt*innen begleiten mich? Seit wann? Und was bedeuten sie mir?
- Welche Weggemeinschaften haben sich in meinem Leben als tragend erwiesen?
- Wen würde ich gerne bitten, mit mir gemeinsam die nächsten Lebensschritte zu gehen?

Impulse und kreative Ideen für die Biografiearbeit

Thema „Talente“

Einführende Methode in Gruppenarbeit: Austausch „Tierische Musikant*innen im Profil“

Die einzelnen Märchencharaktere teilen Gemeinsamkeiten und haben gleichzeitig unterschiedliche Rollen inne. Um diese Gemeinsamkeiten und Unterschiede herauszuarbeiten, ist die intensive Beschäftigung mit den vier Figuren sinnvoll.

Die Gruppe wird in vier Kleingruppen eingeteilt, die jeweils unterschiedliche Aufträge erhalten. Eine Gruppe erhält den Auftrag, sich mit dem Esel zu beschäftigen, die nächste schaut sich genauer den Hund an, eine weitere die Katze und die letzte Gruppe den Hahn. Anleitende Fragen können dabei sein:

- Welche Lebensaspekte und Lebensthemen treten auf?
- Welche biografischen Umbrüche werden in den Figuren thematisiert?
- Was ist das Besondere am jeweiligen Charakter?
- Was hat der Charakter mit den anderen Charakteren gemeinsam? Was unterscheidet ihn von den anderen?
- Welche besonderen Talente und Kompetenzen bringt die Figur mit?
- Wo trägt diese Figur mit ihren besonderen Fähigkeiten etwas zum Gelingen des Ganzen bei?

Die Ergebnisse des Austauschs werden auf je einem Flipchart gesammelt und anschließend im Plenum vorgestellt. Dort ist Raum für Ergänzungen und weitere Querverweise unter den einzelnen Charakteren.

Vertiefende Methode in Gruppen- und Einzelarbeit: Geh-Spräch „Spurensuche der Talente“

In Zweier-Teams gehen die Teilnehmer*innen bei einem Spaziergang auf Spurensuche ihrer eigenen Talente mit der Frage: Was kann ich und konnte ich rückblickend in meinem Leben besonders gut (als Kind, als Jugendliche*r, als Erwachsene*r)? Dadurch können die Teilnehmer*innen neue und alte Talente (wieder-)entdecken.

Wieder zurückgekehrt bekommen die Teilnehmer*innen Zeit, um ihre Talente aufzuschreiben und anschließend an Stellwänden in die Sparten Kind, Jugendliche, Erwachsene einzuordnen und ggf. zu erläutern.

Im Plenum erfolgt die Gesamtschau: Zeichnen sich Tendenzen ab? Sind die Stichworte Abbild des reichhaltigen Schatzes an verschiedenen Talenten im Laufe eines Lebens? Und inwieweit können uns diese Talente heute bzw.

im Blick auf unsere persönliche Zukunft und die Zukunft unserer Gesellschaft (wieder) hilfreich werden?

Methode zum Ausklang in Gruppenarbeit: Kreativübung „Talentkiste"
Der/Die Übungsleiter*in bringt eine Kiste mit verschiedenen Gegenständen, z. B. Werkzeuge, Handarbeitsutensilien, Füller, Wasserfarbenkasten, Fotoapparat etc. mit. Jedes Teil steht für etwas, was ich besonders gut kann (z. B. Werken, Nähen, Schreiben, Malen, Fotografieren…). Die Teilnehmer*innen suchen sich etwas aus und zeigen es den anderen im Plenum.

Anleitende Fragestellungen können u. a. sein: „Was ist bei mir anders?", „Welche Gemeinsamkeiten ergeben sich?"

Thema „Älterwerden"

Einführende Methode in Einzelarbeit: Kreativübung „Kofferpacken"
Im Laufe unseres Lebens sammeln wir wichtige Erfahrungen, nehmen Erinnerungen mit und haben viele Begegnungen. Je älter wir werden (dürfen), desto voller wird daher unser Lebenskoffer. Wir dürfen selbst entscheiden, welche Gedanken, Menschen etc. wir mitnehmen wollen – und welche nicht.

Die Teilnehmer*innen erhalten ein Arbeitsblatt *(▸ OM4)*. Darauf befindet sich das Bild eines leeren Koffers. Nun erhalten die Teilnehmer*innen Zeit, den Koffer mit Dingen oder Personen zu füllen, die sie im Laufe des Lebens liebgewonnen haben und gerne mitnehmen wollen.

OM4: Arbeitsblatt „Kofferpacken" © Kaya/Kahlau

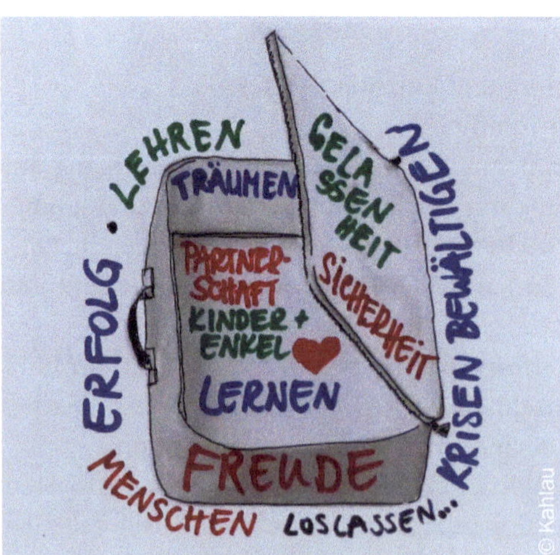

Abbildung 4: Je älter wir werden, desto voller wird unser Lebenskoffer, gefüllt mit Erinnerungen, Erfahrungen und Begegnungen das erfreut

Einführende Methode in Einzelarbeit: Kreativübung „Lebenstüte"

Den Teilnehmer*innen werden eine Papiertüte und Farbstifte zur Verfügung gestellt. Auf die Vorderseite können sie den Satzanfang: „In meine Lebenstüte packe ich folgende Erfahrungen…" ergänzen. Die Rückseite steht für den Satz „Dies kommt mir im Alter nicht mehr in die Tüte…". Die Tüte kann mit Symbolen bemalt, mit Worten beschriftet oder auch mit passenden Motiven beklebt werden.

Abbildung 5: So könnte eine von Teilnehmer*innen gestaltete Lebenstüte aussehen

Vertiefende Methode in Einzelarbeit:
Schreibübung „Tagebucheintrag in zehn Jahren“

Im Märchen wird ganz deutlich: Wir dürfen auf eine Zukunft hoffen, auch wenn alles zu Ende scheint. Mit der Tagebuch-Methode richten wir unseren Blick in die Zukunft: Die Teilnehmer*innen erhalten die Aufgabe, einen klassischen, persönlichen Tagebucheintrag zu verfassen. Das Besondere: Das Datum liegt in zehn Jahren!

Inspirierende Fragestellungen können u. a. sein:

- Wie und wo leben Sie in zehn Jahren?
- Welche Personen sind in diesem Leben bei Ihnen?
- Welche Themen sind Ihnen jetzt wichtig?

Methode zum Ausklang in Gruppenarbeit: Spiel „Zukunftsstuhl“

In der Mitte steht ein „Zukunftsstuhl“. Wer darauf Platz nimmt, „beamt“ sich (evtl. mit einem symbolischen Redestab, den er/sie erhält) in die eigene Zukunft (z. B. zehn Jahre später) und erzählt von diesem Platz aus, wie es ihm hier (in der Zukunft) gerade geht. Wichtig dabei ist es, in der Gegenwartsform zu sprechen: „Ich befinde mich hier in…“, „Ich sehe um mich herum…“, „Mir geht es hier…“, „Ich habe mitgenommen…“ oder „Ich habe zurückgelassen…“.

Thema „Gemeinsam sind wir stark“

Einführende Methode in Einzelarbeit:
Kreativübung „Meine Weggefährt*innen“

Die Teilnehmer*innen malen auf einen Bogen Papier (DIN A3) ihren Lebensweg (oder einen Teil davon) und fügen bei den jeweiligen Lebensabschnitten die Namen von zu diesem Zeitpunkt wichtigen Weggefährt*innen hinzu. Für die Zukunftsschau wäre interessant: Wen möchten Sie gerne an Ihrer Seite sehen in nächster Zeit? Diese Lebenswege-Blätter werden im Zwiegespräch besprochen.

Methode zum Ausklang in Gruppenarbeit: Spiel „Begleitung gefällig?“

Diese Abschlussmethode eignet sich zum Abschluss für alle angesprochenen Aspekte. Die Teilnehmer*innen bilden ein Spalier. Jeweils die letzten sich einander gegenüberstehenden Teilnehmer*innen gehen durch das Spalier hindurch und sagen laut, wohin sie sich gegenseitig begleiten mögen. Mögliche Sätze wären z. B. „Lieber Hans, ich würde dich gerne auf einem Spaziergang begleiten.“ oder „Liebe Teresa, ich würde dich gerne zu einem Rockkonzert begleiten“.

Fazit – Wozu uns das Märchen einlädt

„Die Bremer Stadtmusikanten“ nehmen uns mit auf eine Sinnsuche nach unserer Identität abseits von Perfektionismus und Leistungswahn. Sie zeigen uns: Wir dürfen uns immer wieder neu – und in jedem Lebensalter – auf unsere Fähigkeiten besinnen, sie neu finden und verändern. In der Gemeinschaft mit anderen sind wir stärker und getragen und dürfen die heilende Kraft in uns wirken lassen. Das gibt Energie für neue Wege!

Vom Fischer und seiner Frau (Gebrüder Grimm)

Von Maßlosigkeit und ausgeglichenen Beziehungen

Auf einen Blick
Themenschwerpunkte: Lebenszufriedenheit und Maßlosigkeit, vom Geben und Nehmen, Abhängigkeit und Autonomie

Praxisimpulse: „Ich erinnere mich…“, „Katze im Sack“, „Gelingendes Leben“, „Beziehungsgeflecht“, „Waagschale“, „Fische angeln“

Das Märchen[4]

An einer Klippe am Meer lebte ein Fischer mit seiner Frau. Jeden Tag ging der Fischer angeln. Er war mit einem bescheidenen Leben zufrieden und sehr glücklich, seine Frau jedoch war sehr unzufrieden und beschwerte sich immerzu. Die andauernden Nörgeleien seiner Frau machten dem Fischer schwer zu schaffen. Er versuchte alles, um sie zufrieden zu stellen. Aber wenn er ihr zwei Fische brachte, so wünschte sie drei. So fragte er sie: „Was kann ich tun, um dich glücklich zu machen?“ „Hol' mich aus dieser dreckigen Hütte heraus, dann werde ich glücklich sein!“, erwiderte seine Frau.

Eines Tages, als der Fischer wieder im Meer nach Fischen angelte, wurde er müde. Gerade als er ohne Fisch heimkehren wollte, spürte er, wie sich sein Angelhaken bewegte. Der Fischer hielt die Angel ganz fest, denn am anderen Ende zog es schwer nach unten. Schließlich stellte er erstaunt fest, dass es ein bunter und glänzender Butt gewesen war, der so schwer an der Angel gezogen hatte. Der Butt sprach den Fischer mit seinem Namen an und sagte, er sei ein verzauberter Prinz. Er bat den Fischer darum, ihn freizulassen. Der Fischer stimmte gleich zu und eilte nachhause. Als er bei seiner Frau ankam, fragte sie sogleich: „Kommst du heute ohne Fisch nach Hause?“

Der Fischer erwiderte: „Stell dir vor, ich hatte einen sprechenden Butt ge-

4 Das Märchen wurde ursprünglich von Philipp Otto Runge in vorpommerischer Mundart aufgeschrieben und gelangte an die Gebrüder Grimm, die es 1812 in die 1. Auflage ihrer Kinder- und Hausmärchen aufnahmen.

fangen. Er sagte, er sei ein verzauberter Prinz. Da habe ich ihn gehen lassen." Die Frau des Fischers war entsetzt: „Du hast ihn einfach so gehen lassen und nicht einmal nach einem größeren Haus gefragt?", fragte sie wütend. Der Fischer erwiderte verwundert: „Wie sollte er uns ein größeres Haus geben können? Wir müssen zufrieden sein mit dem was wir haben." „Ich werde glücklich sein, wenn ich in einem schönen Haus lebe. Er ist doch ein verzauberter Prinz und zum Dank sollte er uns wenigstens eine neue Hütte geben können. Geh zurück und frag ihn danach.", gab seine Frau zurück. Obwohl ihm unbehaglich dabei war, ging der Fischer zurück zum Meer, das gelblich-grün schimmerte. Er rief nach dem Butt, der sogleich nach oben an die Wasseroberfläche kam. „Bitte, meine Frau wünscht sich ein neues Haus." Da erwiderte der Fisch: „Geh nach Hause, deine Frau hat es bereits." Und so machte sich der Fischer auf den Heimweg. Er traute seinen Augen kaum, aber seine Frau stand in einem neuen, schönen Haus. „Bist du jetzt glücklich? Wir können hier für immer leben." Die Frau aber tat in der Nacht kaum ein Auge zu, weil sie immerzu daran denken musste, was sie noch glücklicher machen könnte. Morgens sagte sie zu ihrem Mann: „Dieses Haus ist nicht groß und schön genug! Geh' zum Butt und bitte ihn um einen Palast. Ich will als König[5] darin leben." Der Fischer verstand nicht recht: „Aber wieso? Wir haben es doch gut. Lass uns zufrieden sein." Die Frau aber bestand darauf und schickte ihren Mann zum Meer. Die Winde wehten stark und das Meer war violett verfärbt. Der Fischer rief nach dem verwunschenen Fisch. „Meine Frau wäre gerne ein König in einem Palast." Der Fisch antwortete: „Geh zurück und du wirst sehen, dass sie es bereits ist." Und tatsächlich. Als der Fischer daheim ankam, sah er den Palast und seine Frau als König auf dem Thron. Aber als er sie fragte, ob sie nun endlich glücklich wäre, verneinte sie, denn sie wollte nun Kaiser sein. Und so befahl sie ihrem Mann, sich auf den Weg zum Butt zu machen und danach zu verlangen. Der Fischer ging schweren Herzens zum Meer, das sich braun verfärbt hatte. Verwundert über die Ursache der Verfärbung rief er zögerlich nach dem Fisch. Und wieder kam der verwunschene Prinz zur Oberfläche und der Fischer verriet ihm den Wunsch seiner Frau. Wieder antwortete der Fisch: „Geh heim, sie ist es bereits." Der Fischer ging schnell heim und fand dort vergoldete Türen, die in einen noch größeren Palast führten. Vor dem Thron waren alle Könige und Minister vor seiner Frau, die nun Kaiser war, versammelt. In der einen Hand hielt sie eine goldene Kugel, in der anderen ein Zepter. Als der Fischer sie fragte, ob sie nun glücklich sei, war sie sich nicht sicher und meinte, sie sollten erst einmal eine Nacht darüber schlafen. Aber die Frau war noch immer nicht zufrieden und

5 Aus heutiger Sicht wäre natürlich die weibliche Form Königin und im Folgenden Kaiserin, Göttin usw. korrekt. Wir richten uns nach dem Originaltext, in dem es noch keine gendergerechte Sprache gab.

wollte nun Papst werden. Obwohl der Fischer zunächst nicht wollte, bestand sie darauf und schickte ihren Mann wieder zum Butt, um ihren Wunsch zu erfüllen. Wieder gab der Fisch dieselbe Antwort: „Geh heim, sie ist es bereits." Daheim angekommen, sah er seine Frau, die nun tatsächlich Papst war. Der Fischer war müde vom vielen Laufen und obwohl er Angst davor hatte, seine Frau könnte wieder neue Forderungen stellen, schlief er sofort ein. Seine Frau hingegen wachte die ganze Nacht, weil sie darüber nachdachte, was sie noch glücklicher machen könnte. Das ging eine ganze Woche so. Der Fischer betete abends dafür, dass seine Frau nun endlich glücklich wäre. Die Frau aber durchwachte die Nächte. Als eines Morgens die Sonne aufging, wurde sie fürchterlich zornig darüber und meinte: „Weiß die Sonne nicht, dass ich seit einer Woche nicht mehr geschlafen habe? Ich möchte die Sonne und den Mond beherrschen. Ich möchte Gott sein." Der Fischer hatte Angst und antwortete: „Bitte sei zufrieden. Ich kann nicht zurückgehen, ich möchte unsere beiden Leben nicht aufs Spiel setzen." Die Frau aber beharrte darauf. Und da der Fischer seine Frau glücklich sehen wollte, lief er zum Meer. Dort tobte und stürmte es und das Wasser war schwarz verfärbt. Er holte tief Luft und rief dann nach dem Zauberfisch. „Meine Frau ist immer noch nicht glücklich. Sie will Gott werden." Der Butt erwiderte diesmal: „Geh' nur hin, sie sitzt schon wieder in der Fischerhütte." Dort sitzen sie noch heute.

Verborgene Motive – Worum geht's?

Im Märchen „Vom Fischer und seiner Frau" geht es zentral um das Thema Zufriedenheit im Zusammenhang mit Macht und Wohlstand, aber auch um Eigenständigkeit und Partnerschaft. Denn während der Fischer nur das Glück seiner Frau vor Augen hat, fühlt er sich immer schlechter dabei, den Fisch um etwas zu bitten. Er weiß, dass es falsch ist und macht es dennoch, aus Angst, seine Frau zu verlieren – und verliert sie letztlich doch. Der Fischer geht ins Gespräch mit seiner Frau, er lotet die Möglichkeiten aus, allerdings scheint diese konsequent den dominanten Part einzunehmen und schickt den Mann immer wieder zum verwunschenen Prinzen. Sie ist in ihrer Unersättlichkeit gefangen und ersinnt stets neue Objekte der Begierde, die sie glücklich machen sollen. Der Fischer fühlt sich für das Glück seiner Frau verantwortlich und sie delegiert die Erfüllung aller ihre Wünsche an ihren Mann. So entsteht ein verhängnisvolles Machtgefälle in der Partnerschaft von Fischer und Frau. Aus der Abhängigkeit wird eine fallstrickreiche Co-Abhängigkeit. Und immer wieder geht der Fischer für die Wünsche seiner Frau über seine eigenen Grenzen und sein Werteempfinden hinaus. Dabei ignoriert er alle Vorzeichen, die sich im Märchen über die jeweilige Verfärbung des Meeres – von hell nach dunkel – und die zunehmende Windstärke deutlich zeigen. Die ungleiche

Paarbeziehung greift auf die Rollenverteilung der habgierigen Frau und des zufriedenen Mannes zurück, welche bei der Interpretation sicherlich unabhängig von den Geschlechterzuschreibungen reflektiert werden darf.

Es gibt kein „Happy End", so wie es manchmal auch im realen Leben eine Aufgabe sein kann, mit unabgeschlossenen Situationen leben zu lernen! Offen bleibt nämlich, was nach der Heimkehr des Mannes passiert, ob das Paar nun glücklicher oder zufriedener ist und ob die Beziehung diese Krise überlebt hat.

Aspekte für die Biografiearbeit: Lebensthemen und Lebensfragen

Lebenszufriedenheit und Maßlosigkeit

- Wann und wo(mit) war ich als Kind rundum zufrieden? Habe ich mich mit meinen Wünschen und Bedürfnissen wahrgenommen gefühlt? Wie sehe ich das heute?
- Wie sehr hängt meine Lebenszufriedenheit heute von der Befriedigung materieller Bedürfnisse (Güter, Besitz) oder einem erreichten Status (Macht, Einfluss, Titel) ab?
- Was habe ich an Bedeutsamem für mich erreicht?
- Wo ist für mich die Grenze zwischen angemessener Erfüllung von Wünschen und Bedürfnissen einerseits und unangemessener Maßlosigkeit andererseits? Wer oder welche Erfahrung hat mich in dieser Grenzziehung geprägt?

Das Glück der Anderen – das eigene Glück oder: Vom Geben und Nehmen

- Welche Partnerschaftsmodelle habe ich als Kind bei Erwachsenen wahrgenommen und inwieweit haben sie mich zum Thema Geben und Nehmen geprägt?
- Gibt es Anlässe, in denen mein*e Partner*in oder andere, mir eng verbundene Personen und ich nicht gleichermaßen zufrieden sind? Wenn ja, wie gehen wir – auch zukünftig – damit um?
- Welche ausgesprochenen oder unausgesprochenen Erwartungen gibt es in der Partnerschaft oder anderen engen Beziehungen? Welche Lösungen bieten sich an, wenn sich solche Erwartungen zeigen?
- Wie sorge ich für mich? Welche Bedürfnisse habe ich?
- Welche Bedürfnisse haben die Menschen, mit denen ich in enger Beziehung stehe? Wie sorgen sie für sich?
- Wie kann ich meine Bedürfnisse in diesen Beziehungen zum Ausdruck bringen?

Abhängigkeit und Autonomie

- In welchen Situationen fühl(t)e ich mich von anderen auf unangenehme Weise abhängig und habe ich mich hieraus lösen können? Was hat mir dabei geholfen?
- Wann war ich froh darüber, dass andere für mich da waren bzw. sind? Wie habe ich diese Zuwendung erfahren?
- Welchen Menschen fühle ich mich zugehörig und weshalb?

Impulse und kreative Ideen für die Biografiearbeit

Thema „Lebenszufriedenheit und Maßlosigkeit"

Einführende Methode in Einzelarbeit: Schreibübung „Ich erinnere mich…"

Wir sind alle von unseren bisherigen Lebenserfahrungen geprägt und es lohnt sich, einen Blick in die Kindheit zu werfen, wie Bedürfnisse in unserem sozialen Umfeld, z. B. von unseren Eltern gelebt wurden. Alternativ können eigene Wunscherfüllungen erinnert werden. Die Teilnehmer*innen werden gebeten, sich in Einzelarbeit Gedanken zum Umgang mit Bedürfnissen in der Vergangenheit zu machen. Dabei steht am Anfang des Satzes stets „Ich erinnere mich…", z. B. „Ich erinnere mich an meine Mutter, die immer gerne mit meinem Vater abends zusammen auf dem Sofa saß." oder „Ich erinnere mich daran, dass ich mir eine Puppe gewünscht habe und stattdessen ein Plüschtier bekam."

Vertiefende Methode in Gruppenarbeit: Spiel „Katze im Sack"

In einem blickdichten Säckchen befinden sich unterschiedliche Karten mit Schlagworten von Bedürfnissen, wie z. B. Nähe oder Freiraum.

Nacheinander sind die Teilnehmer*innen an der Reihe, ein Kärtchen zu ziehen. In Runde 1 geht es um die Vergangenheit und in Runde 2 um die Gegenwart. Die Teilnehmer*innen sind dazu eingeladen, zu berichten, ob sie mit dem Begriff etwas anfangen können. Brauchte ich in der Vergangenheit viel Nähe? Inwiefern hat mich das bewegt? Braucht mein*e Partner*in viel Abstand? Gibt es Konflikte hinsichtlich unterschiedlicher Bedürfnisse?

OM5: Spiel „Katze im Sack" (Vorlagen für Karten) © Kaya/Kahlau

Thema „Vom Geben und Nehmen“

Einführende Methode in Einzelarbeit:
Schreibübung „Gelingendes Leben“

Die Teilnehmer*innen notieren auf einem Arbeitsblatt sechs Bedürfnisse, die ihnen für ein gelingendes Leben als wichtig erscheinen.

OM6: Arbeitsblatt „Gelingendes Leben“ © Kaya/Kahlau

Vertiefende Methode in Gruppenarbeit:
Mindmap „Beziehungsgeflecht“

Nach Abschluss der Schreibübung „Gelingendes Leben“ erhalten die Teilnehmer*innen einen großen Zeichenblock-Bogen (mind. DIN A3), auf dem sie ihren Namen mittig platzieren. Nun ordnen sie den in der vorausgegangenen Übung notierten Bedürfnissen verschiedene Personen (Partner*in, Freund*in, Eltern usw.) zu und verbinden diese Person mit ihrem Namen. Zu jedem Namen wird dann ergänzt, was einem dieser Mensch Besonderes geben kann oder gibt. Hinzugefügt werden darf auch gerne, was man bereit ist, diesem Menschen von sich selbst zu geben. Nun wird geschaut, ob Wünsche

Abbildung 6: Eigene Bedürfnisse werden den persönlichen Beziehungen in einer Mindmap gegenübergestellt. So wird deutlich, was einem jeder einzelne Mensch, mit dem man verbunden ist, alles geben kann

und Bedürfnisse offengeblieben sind. Vielleicht entstehen Ideen dazu, welche Personen noch mit in die Mindmap aufgenommen werden können und was diese Menschen einem geben können.

Im Zweier-Gespräch stellen sich die Teilnehmer*innen anschließend jeweils ihre Ergebnisse vor und erzählen einander von den Menschen, die ihnen für die Erfüllung ihrer Bedürfnisse wichtig sind und auch davon, was sie bereit sind, diesen Menschen zu geben.

Thema „Abhängigkeit und Autonomie"

Einführende Methode in Gruppenarbeit: Musikspiel „Fäden ziehen"
Die Teilnehmer*innen verteilen sich im Raum. Nun erhält jede Person ein Knäuel Wolle. Wenn die Musik spielt, bewegen sich alle im Raum. Sobald die Musik stoppt, wird das Ende des Wollknäuels festgehalten und anschließend weitergegeben. Wieder beginnt die Musik und beim Stopp wiederholt sich der Vorgang. So wird sichtbar, dass wir alle miteinander vernetzt und verbunden sind.

Vertiefende Methode in Einzelarbeit: Schreibübung „Waagschale"
Die Teilnehmer*innen erhalten ein Arbeitsblatt (▸ *OM7)* auf dem eine Waage abgebildet ist. Nun haben sie Raum, um sich mit den folgenden Fragen zu beschäftigen: Welche Autonomie-Erfahrungen, wie z. B. eine alleinige Radtour durch Europa oder eine wichtige Entscheidung für die Familie treffen, lege ich in die eine Waagschale? Und welche Abhängigkeits-Erfahrungen, wie z. B. bei der letzten Erkältung oder in einem beruflichen Projekt im Team, kommen dann evtl. in die andere Waagschale? Ist das Verhältnis ausgewogen (oder neigt sich die Waage auf einer Seite?).

OM7: Arbeitsblatt „Waagschale" © Kaya/Kahlau

Methode zum Ausklang in Gruppenarbeit: Reflexion „Fische angeln"
Um einen Abschluss für die Biografiearbeit mit dem Märchen zu finden, ist die Methode „Fische angeln" für alle vorgeschlagenen Aspekte möglich. Dazu werden Notizkarten in Fischform ausgelegt. Alle Teilnehmer*innen bekommen Zeit, den Verlauf der Gruppenstunde zu reflektieren und dann auf das Fisch-Kärtchen zu notieren: „Diesen Fisch habe ich heute hier für mich geangelt" (also sich zu fragen, was ist mir heute wichtig geworden bei dem Thema?). Alle Notizen werden vorgelesen und die „Fische" an eine Metaplanwand gepinnt.

Abbildung 7: Welchen Fisch haben wir heute „geangelt“? Eine gut zum Märchen passende, abrundende Abschlussmethode

Fazit – Wozu uns das Märchen einlädt

Du bist mein und ich bin dein – aber nicht um jeden Preis! „Vom Fischer und seiner Frau“ lässt uns neu überdenken, was uns in Beziehungen wichtig ist und was unser persönliches Glück ausmacht. Auch inwieweit wir in Beziehungen ein autonomes Individuum sind und bleiben dürfen oder inwieweit wir doch trotz aller Eigenständigkeit vom Wohlergehen Anderer abhängig bleiben, lässt sich mit diesem Märchen gut beleuchten. Darüber hinaus dürfen wir mit unseren Ansprüchen und der Erfüllung eigener und fremder Bedürfnisse in Berührung kommen. Zugleich sind wir eingeladen, auch darüber nachzusinnen, worin der Unterschied zwischen Haben und Sein bestehen kann oder was Zufriedenheit wirklich ausmacht.

Die wilden Schwäne (Hans Christian Andersen)

Von Glaube, Liebe und Hoffnung, starkem Familienzusammenhalt und der Kraft des Sehnens und Suchens

Auf einen Blick

Themenschwerpunkte: Kindheit und Familienbande, auf der Suche, Halt im Glauben finden

Praxisimpulse: „Einblicke in die Kinderstube", „Familienleben", „Der Apfel fällt nicht weit vom Stamm" „Glaube, Liebe, Hoffnung", „Schatztruhe", „Wenn mein Glaube ein Bild wäre..."

Das Märchen

Ein König hatte elf Söhne und eine Tochter namens Elisa. Es mangelte den Königskindern an nichts. Aber eines Tages heiratete der König eine böse Königin, die Elisa zu einer Bauernfamilie brachte und bald darauf auch die elf Prinzen verbannte: „Fliegt hinaus in die Welt und sorgt für euch selbst!" Die Prinzen verwandelten sich daraufhin in wilde Schwäne und flogen durch das offene Fenster in den Wald. Als sie an der Bauernstube vorbeikamen, in der ihre Schwester Elisa schlief, kreisten sie über dem Haus und schlugen mit den Flügeln. Aber sie blieben unbemerkt und so zogen sie weiter.

Elisa blieb weiter bei der Bauernfamilie, sehnte sich aber sehr nach ihren Brüdern. Sie wurde ein sehr schönes und sehr frommes Mädchen. Mit 15 Jahren sollte sie wieder ins Königshaus zurückkehren. Als die böse Königin, ihre Stiefmutter, sah, wie schön Elisa war, wurde sie zornig und nahm drei Kröten, die sollten Elisa beim Bade dumm, hässlich und bösartig machen. Doch die Verwünschung misslang. Elisa bemerkte nichts von den Kröten und sah nur drei Mohnblumen im Wasser schwimmen. Als die Königin das erblickte, schmierte sie Elisa mit Walnusssaft ein, die davon ganz braun wurde, cremte ihr das Gesicht mit einer übelriechenden Salbe ein und ließ das prächtige Haar verfilzen. Der Vater erschrak sehr und erkannte seine Tochter nicht. Da weinte Elisa, dachte voller Trauer an ihre Brüder und machte sich heimlich aus dem Schloss davon, denn sie wollte ihre Brüder suchen und finden.

Als Elisa unterwegs in einem Wasser ihr Spiegelbild sah, erschrak sie sehr. Da entkleidete sie sich und ging ins Wasser. Ihre Schönheit war bald wieder unübertroffen. In der Nacht träumte sie von Engeln, und davon, dass Gott freundlich auf sie herabblickte.

Am nächsten Tag begegnete ihr auf dem Weg eine alte Frau mit einem Korb voller Beeren, von denen sie ihr anbot. Elisa fragte, ob sie ihre elf Brüder gesehen habe, wie sie durch den Wald ritten. Die Frau schüttelte den Kopf und sagte, sie habe aber elf Schwäne mit Kronen gesehen, die den Fluss entlang geflogen seien. Und sie führte Elisa bis dahin, wo der Fluss ins Meer mündete. Am Strand sammelte das Mädchen elf weiße Schwanenfedern. Bei Sonnenuntergang erblickte Elisa dann elf Schwäne mit Kronen hintereinander herschweben. Als es dunkel wurde, landeten die Schwäne und verwandelten sich in elf Prinzen, in Elisas Brüder! Die Geschwister erkannten einander. Sie lachten und weinten und erzählten was die böse Königin ihnen angetan hatte. Die Brüder waren tagsüber Schwäne und bei Dunkelheit wurden sie zu Menschen. Sie erzählten von einem schönen Land jenseits des Meeres. Es war jedoch ein weiter Weg dorthin. Und sie fragten sich, wie sie die Schwester mitnehmen könnten. Doch Elisa überlegte, wie sie ihre Brüder erlösen könnte. Elisa wachte am Morgen von den Schwanenflügeln auf, denn die Brüder waren wieder verwandelt und flogen schließlich davon. Nur ihr kleinster Bruder blieb und legte seinen Kopf in ihren Schoß. Als die anderen Brüder abends zurückkamen flochten sie ein großes Netz. Am nächsten Morgen hoben die Schwäne mit ihren Schnäbeln das Netz mitsamt ihrer Schwester in die Luft. Sie flogen unter großen Gefahren, bis sie das Land vor sich sahen, in dem die Brüder jetzt lebten. Während Elisa in der Nacht träumte, kam eine schöne Fee ihr entgegen und sprach: „Deine Brüder können erlöst werden, wenn du Mut und Ausdauer hast. Schau hier die Brennnesseln in meiner Hand. Ringsum die Höhle, die dein Schlaflager ist, gibt es viele solcher Brennnesseln. Nur diese und die, welche auf den Gräbern des Friedhofs wachsen, sind tauglich. Du musst sie pflücken, obwohl sie deine Hände mit Blasen verbrennen werden. Brichst du die Nesseln mit deinen Füßen erhältst du Flachs. Daraus flechtest du elf Panzerhemden mit Ärmeln und die musst du über die elf Schwäne werfen, dann ist der Zauber gelöst. Aber bedenke, dass du von dem Augenblick, an dem du die Arbeit beginnst, bis zu ihrer Vollendung nicht sprechen darfst.“

Als Elisa erwachte, lag die Nessel aus dem Traum neben ihr. Sie pflückte sofort weitere Nesseln, die sogleich brennend große Blasen in ihre Haut brannten. Sie wollte das Leid gerne ertragen, um ihre Brüder zu erlösen. Als die Sonne untergegangen war und die Brüder zurückkehrten, glaubten sie, ihre Schwester habe einen neuen Zauber erlitten, da sie so stumm war. Aber als sie ihre Hände sahen, begriffen sie, was sie ihnen zuliebe tat. Der jüngste Bruder vergoss Tränen und wo diese hinfielen, spürte Elisa keine Schmerzen mehr. Sie arbeitete die ganze Nacht und den ganzen folgenden Tag. Sie hatte ein Panzerhemd fertiggestellt, als sie ein Jagdhorn in der Ferne hörte, das immer näherkam. Elisa floh in die Höhle, band die gesammelten Nesseln zusammen und setzte sich darauf. Kurz darauf standen Jäger vor der Höhle und der schönste unter ihnen war ein König, der niemals ein schöneres Mädchen gesehen hatte als Elisa. Er fragte sie, wie sie denn hierhergekommen sei. Doch Elisa durfte ja nicht sprechen und schüttelte nur den Kopf. Der König sagte: „Komm mit mir, ich kleide dich in Samt und Seide, gebe dir eine Goldkrone und du sollst in meinem Schloss leben." Er hob sie auf sein Pferd. Aber Elisa weinte und trauerte.

Sie ließ sich dennoch willig königliche Gewänder und Perlen anziehen. Sie war so schön, dass sich alle tief vor ihr verbeugten und der König sie zur Braut auswählte. Elisa konnte nicht einmal lächeln und in ihren Augen sah man eine große Traurigkeit. Der König zeigte ihr aber ihr Schlafgemach, das der Höhle ähnelte. Auf dem Boden entdeckte sie das aus den Nesseln gesponnene Flachs und an der Decke hing das fertig gestellte Panzerhemd. Als Elisa all das sah, lächelte sie erstmals und küsste dem König die Hand, der sie an sich drückte. Und Elisa wurde die Königin des Landes. Der Geistliche jedoch war misstrauisch und raunte dem König böse Worte zu. Elisa hätte sich ihrem Gemahl, dem König gerne anvertraut, aber sie blieb stumm. Nachts schlich sie aus dem gemeinsamen Schlafzimmer in die Kammer mit dem Flachs, um weiter an ihrer Aufgabe zu arbeiten. Beim siebten Hemd hatte sie aber keinen Flachs mehr. Auf dem Kirchhof wollte sie weitere Nesseln pflücken und überwand ihre Angst, als sie sich bei Nacht durch den Garten in den Kirchhof schlich. Als sie die Nesseln gepflückt hatte, ging sie zurück ins Schloss. Doch der Geistliche hatte sie nachts beobachtet und meinte, nun den Beweis zu haben, dass Elisa eine Hexe sei. Er schilderte dem König alles, was er gesehen hatte. Bald musste Elisa wieder auf den Kirchhof, um neue Brennnesseln zu holen. Da folgten ihr der König und der Geistliche. Der König sah nun, was geschah, und veranlasste das Volk, über Elisa zu richten. Das Volk aber wünschte ihr den Feuertod.

Sie wurde in ein dunkles Loch geführt und statt Samt und Seide gaben sie ihr das Bund Nesseln und die Panzerhemden. Sie richtete ihre Arbeit damit weiter aus und betete dabei. Da hörte man das Schwirren von Schwanenflügeln, es war ihr kleiner Bruder, der sie gefunden hatte. Elisa schluchzte vor Freude, obwohl sie wusste, dass dies ihre letzte Nacht sein würde. Aber Elisa wollte unbedingt ihre Arbeit vollenden und bekam Hilfe von den Mäusen, die den Flachs herbeitrugen und der Drossel, die sich ans Fenster setzte und für sie sang. Als es noch dämmerte, standen die elf Brüder vor dem Schloss und verlangten, den König zu sprechen. Da aber gerade die Sonne aufging, waren die Brüder nicht mehr zu sehen und stattdessen flogen elf Schwäne über das Schloss. Elisa wurde zur Richtstätte geführt, unterbrach jedoch auch dabei ihre Arbeit nicht. Sie flocht gerade am letzten Panzerhemd. Das Volk machte sich lustig über sie und wollte die Panzerhemden zerreißen. Doch da kamen die elf Schwäne und setzten sich um Elisa. Als der Henker sie packen wollte, warf Elisa rasch die Panzerhemden über die Schwäne, die sich sogleich in elf Prinzen verwandelten. Nur dem Jüngsten blieb noch ein Flügel, da der Ärmel des Panzerhemdes noch fehlte. Endlich konnte Elisa sprechen: „Ich bin unschuldig!" Da verneigte sich das Volk vor ihr. Aber Elisa sank vor Schmerz und Anspannung leblos in die Arme ihrer Brüder. Der älteste Bruder wiederholte, dass Elisa unschuldig sei und berichtete von allem, was geschehen war. Während er sprach, wuchs das Brennholz zu einer hohen Hecke voller roter Rosen. Hoch oben war eine weiße Rose, die aussah wie ein Stern. Der König pflückte sie und steckte sie Elisa an, die voller Friede und Glück erwachte. Die Vögel kamen in Scharen und begleiteten einen bis dahin nie gesehenen Hochzeitszug.

Verborgene Motive – Worum geht's?

Das Märchen von Hans Christian Andersen zeigt uns nicht nur eine Momentaufnahme im Leben seiner Protagonist*innen, sondern lässt uns an der Entwicklung vom Kind zum Erwachsenen der Königstochter Elisa und ihren elf Brüdern teilhaben. Es ist eine Geschichte vom plötzlichen Ende einer einst heilen Familienwelt durch nachhaltige systemische Erschütterung. Die Familienbande wird zerrissen und ist fortan geprägt von Trennungsschmerz, von langen, vergeblichen, leidvollen Versuchen des einander Wiederfindens und schließlich von glücklicher Wiedervereinigung. Schon in der Kindheit bricht das Unglück über die zumindest materiell bisher bestens versorgten und sich einander eng verbunden fühlenden Kinder herein. Mit dem Einzug der Stiefmutter in das Königshaus, werden die Kinder gänzlich aus ihrem alten, sorgenfreien Leben verstoßen. Sie haben nicht nur ihre leibliche Mutter verloren und trauern darüber. Die neue Frau des Königs ist überdies herzlos und der König selbst zeigt ohnehin kein großes Interesse am Aufwachsen seiner Kinder. Im weiteren Verlauf kommt Elisa eine besondere Rolle zu, denn sie soll als junge Erwachsene mit 15 Jahren von der Pflegefamilie auf dem Land, zu der sie einst geschickt wurde, wieder ins eigentliche Elternhaus zurückkehren. Die Brüder hingegen sind auf ewig dazu verdammt, tagsüber ihr Dasein als wilde Schwäne zu verbringen.

Alle zwölf Geschwister haben unter der unverschuldeten Trennung zu leiden: Das Mädchen Elisa wächst als Einzelkind bei fremden Eltern auf. Nach 15 Jahren wieder Zuhause angekommen, erfährt sie aber nur Ablehnung und keinerlei Unterstützung. Sie begibt sich daraufhin furchtlos und mit unerschütterlichem Gottvertrauen auf eine herausfordernde Reise auf der Suche nach den Brüdern. Denn ihre Sehnsucht nach ihnen ist sehr groß und der Verlust der Geschwister schmerzt sie unendlich.

Und ihre Brüder müssen elternlos und auf sich allein gestellt, zu Zwitterwesen verwunschen (am Tag Vögel, in der Nacht Menschen), versuchen, den Boden unter den Füßen nicht zu verlieren. Sie durften zwar zusammenbleiben, vermissen jedoch ihre einzige Schwester Elisa. Es zeigen sich in den Geschwisterbeziehungen auch besonders herzliche Verbindungen – z. B. zwischen Elisa und dem jüngsten der Brüder. Aus ihrem Getrenntsein erwachsen unterschiedliche Wünsche. Während die Brüder vor allem nach der Wiedervereinigung mit ihrer Schwester streben, sucht diese nach Wegen, die Brüder aus ihrer Verwandlung in Schwäne endgültig zu erlösen.

Das Märchen greift damit – wie kaum ein anderes – vielfältige Facetten zum Thema Kindheit und Familien auf. Es gibt die Kindheit in ursprünglicher „heiler“ Herkunftsfamilie, die Kindheit als Stiefkind, Pflegekind oder als elternlos aufwachsendes Kind. Es gibt eine verstorbene Mutter, eine herzlose Stiefmutter und einen desinteressierten, weitestgehend abwesenden Vater. Es geht um das Aufwachsen in materiellem Wohlstand und in Verwöhnung – doch zugleich auch um lieblose Vernachlässigung elterlicher Fürsorge.

Traum und Wirklichkeit vermischen sich in der weiteren Geschichte, die immer stärker Elisa zum Zentrum hat. Einsamkeit, Dunkelheit und Verlassenheit muss sie bitter kennenlernen, doch niemals fühlt sie sich von Gott verlassen. Und die Kräfte der Natur – alle Elemente und Kreaturen – zeigen sich ihr zugewandt. Immer wieder erhält sie neue Zeichen auf ihrem Weg zur Befreiung der elf Brüder. Doch selbst als die Erlösung der Brüder zum Greifen nah scheint, bricht erneut vermeintliches Unglück in Gestalt des fremden Königs, der sie mit zu sich ins Schloss nimmt, wieder über sie herein. Am Ende erfährt sie aber selbst in dieser aussichtslos erscheinenden Situation großes Glück. Denn im König findet sie schließlich einen echten Partner, der sich um sie sorgt und den sie bald auch liebt. Doch auch diese Liebe ist bedroht durch den hinterhältigen Geistlichen, der Elisa Böses unterstellt und schließlich falsche Beweise dafür anführt, dass Elisa eine Hexe sei. Doch unermüdlich, unter großen Schmerzen und bis zum letzten Augenblick flicht sie die Panzerhemden aus Brennnesseln, welche die Brüder schließlich endgültig erlösen sollen. Was stets bleibt, ist Elisas große Liebe zu den Geschwistern und ihr starker Glaube an die Erlösung der geliebten Brüder – und der unerschütterliche Glaube an Gott, der ihr in den einsamsten Situationen stets Kraft und Halt gab.

Aspekte für die Biografiearbeit: Lebensthemen und Lebensfragen

Das Märchen von den wilden Schwänen fordert uns als Leser*innen heraus, denn es ist keine kurzweilige, einfach zugängliche Geschichte, die wir hier mitverfolgen. Vielmehr spricht das Märchen existentielle Lebensthemen an, wie Familienbande, Trauer, Verlust, Trennung, Liebe und Glaube.

Kindheit und Familienbande

- In welchem Familiensystem oder in welchen Verhältnissen bin ich groß geworden?
- Hatte ich Geschwister? Schwestern? Brüder? Wie eng war und ist die Beziehung zu ihnen?
- Kenne ich die Trennung von Geschwistern und wie habe ich diese erlebt bzw. verarbeitet?
- Wuchs ich als Einzelkind auf? Mit welchen Auswirkungen auf mein weiteres Leben?
- Kenne ich die besondere Situation als Stief- und/oder Pflegekind?
- Habe ich von leiblichen Eltern oder von Stief- bzw. Pflegeltern genug Liebe und Zuwendung erfahren oder auch Ablehnung, Vernachlässigung und Desinteresse erleben müssen?

Auf der Suche

- In welchen Lebensphasen habe ich mich auf die Suche begeben und wonach habe ich mich bei dieser Suche gesehnt? Wer oder was hat mir gefehlt? Was möchte ich noch finden, wenn ich an meine Zukunft denke?
- Wie ist es mir in meinen Suchbewegungen ergangen? Welche Höhen und Tiefen habe ich dabei erlebt? Inwiefern habe ich mich dadurch verändert?
- Welche Personen haben mich unterstützt? Wo fand ich dann Hilfe und Trost?
- Wann und wo fühlte ich mich ganz Zuhause – oder im Gegenteil von allen allein gelassen?
- Wobei brauchte ich auf meiner Suche besonders viel Mut und Ausdauer?

Halt im Glauben finden

- Inwiefern hat der Glaube in meiner Kindheit eine Rolle gespielt?
- Wer oder welche Umgebung hat meinen Glauben und mein Verständnis von Gott geprägt?
- Welche Menschen inspirieren mich, weil sie Halt im Glauben finden?
- Was bedeutet Glaube und Gottvertrauen heute für mich?

- Worin finde ich Halt, wenn ich schwierige Situationen meistern muss? Was gab und gibt mir Mut und Hoffnung in Leidenszeiten oder für meine Zukunft?
- In welchen Situationen brauchte es einen starken Glauben und großes Gottvertrauen, um mein Ziel nicht aus den Augen zu verlieren und durchzuhalten?
- Wann habe ich zuletzt die Erfahrung machen dürfen: Alles wendet sich am Ende zum Guten, auch wenn erstmal alles aussichtslos erschien?

Impulse und kreative Ideen für die Biografiearbeit

Thema „Kindheit und Familienbande“

Einführende Methode in Gruppenarbeit:
Austausch „Einblicke in die Kinderstube“
Es werden unter dem Oberbegriff „Einblicke in die Kinderstube“ drei Kleingruppen angeboten, in denen man sich über eigene Familien- und Kindheitserfahrungen austauschen kann. Die drei Themen sind:

- Gruppe A: „Bruderherz und Schwesterherz – meine Geschwistererfahrungen“. Hier sind Geschwisterkinder, aber auch Menschen mit Einzelkind-Erfahrungen willkommen.
- Gruppe B: „Kindheits-Orte und Kindheits-Worte – meine Prägungen“. Hier können sich alle Teilnehmer*innen treffen, die sich über ihr Herkunftsmilieu austauschen wollen.
- Gruppe C: „Licht und Schatten – meine Kindheitserinnerungen.“ Hier ist Raum für schöne, aber auch für weniger schöne Erfahrungen.

Zur guten Strukturierung der drei Erzählrunden in den Kleingruppen werden die Gruppen mit Hilfsmitteln ausgestattet: Gruppe A bekommt ein Sortiment Playmobil©-Figuren (Erwachsene, Kinder, männliche und weibliche Figuren) mit. Damit hat jeder/jede Teilnehmer*in die Möglichkeit, das eigene Familiensystem, also Eltern und ggf. Geschwister usw. aufzustellen und dabei zu erzählen.

Gruppe B bekommt eine stabile Doppelkarte mit. Auf dieser ist auf einer Seite das Wort „Kindheits-Orte“ vermerkt und auf der anderen Seite das Wort „Kindheits-Worte“. Die Karte wird reihum weitergereicht. Wer sie in Händen hat, ist (wenn er/sie möchte) mit dem Erinnern und Erzählen an der Reihe und nutzt die Kartenvorder- und Rückseite als Gedächtnisstütze für den Erzählinhalt.

Gruppe C bekommt als Ausstattung ein Teelicht, Streichhölzer und für jeden/jede Teilnehmer*in einen Namensaufsteller mit. Der Aufsteller wird von jeder Person vorne und hinten mit dem eigenen Vornamen beschriftet und sobald man mit Erzählen an der Reihe ist, zum brennenden Teelicht gestellt. So fällt auf eine Aufsteller-Seite symbolisch Licht – und auf die andere Schatten.

Vertiefende Methode in Gruppenarbeit:
Metaplanwand und Notizkarten „Familienleben"

Wenn die Gruppen A, B und C aus der vorangegangenen Übung wieder im Plenum zusammengekommen sind, erhält jeder/jede Teilnehmer*in zwei verschiedenfarbige Notizkarten. Auf Plakaten an einer Metaplan-Wand sind außerdem folgende Überschriften vorbereitet:

- Worauf es mir im Familienleben und in der Geschwisterbeziehung ankommt
- Mein Beitrag zum Gelingen von Familie und Geschwisterbeziehung

Vor dem Hintergrund der Erzählrunden in den Kleingruppen notieren die Teilnehmer*innen nun auf eine Karte ihre Gedanken zur ersten Überschrift und auf die andere Karte ihre Ideen zur anderen Überschrift. Anschließend werden die Gedanken vorgetragen und die Karten auf der Metaplan-Wand zur jeweiligen Überschrift zugeordnet. So entsteht eine Übersicht über hilfreiche Komponenten der Beziehungspflege in Familien und zugleich eine wertvolle Liste an Ressourcen für den Zusammenhalt von Familien.

Methode zum Ausklang in Gruppenarbeit:
Austausch „Der Apfel fällt nicht weit vom Stamm"

Die Teilnehmer*innen ergänzen im Plenum, z. B. auf einem Flipchart schriftlich oder in der Runde mündlich, die Sätze „Vom Vater habe ich…" oder „Von der Mutter habe ich…". Wenn Mutter und Vater nicht passen sollten, kann eine beliebige andere Person ausgewählt werden. Ein Beispielsatz könnte dann lauten: „Von der Tante möchte ich mehr … übernehmen."

Thema „Halt im Glauben finden"

Einführende Methode in Einzelarbeit:
Austausch „Glaube – Liebe – Hoffnung"

Die Teilnehmer*innen erhalten ein Arbeitsblatt (► *OM8*) mit den Symbolen Kreuz (für Glaube), Herz (für Liebe) und Anker (für Hoffnung). Darauf werden Begriffe gesammelt, die nach Erfahrungen der Teilnehmer*innen mit dem jeweiligen Symbol im Zusammenhang stehen können: Beispielsweise könnte bei „Glaube“, also dem Kreuz, der Begriff „Kirchengemeinde“ oder „Pilgerfahrt“ stehen. Und bei „Hoffnung“, also dem Anker, „Geschenk“ oder „Gebet“. Bei „Liebe“, also dem Herz, lassen sich vielleicht Begriffe wie „Diakonie“ oder „Zuwendung“ zuordnen.

Im Zweier-Gespräch findet ein reflektierender Austausch statt. Anschließend werden die Arbeitsblätter im Plenum an einer Metaplan-Wand vorgestellt. Im Stillen kann die entstandene Wandzeitung betrachtet werden.

OM8: Arbeitsblatt „Glaube – Liebe – Hoffnung“ © Kaya/Kahlau

Vertiefende Methode in Einzelarbeit: Kreativübung „Schatztruhe“[6]

In Zeiten des Umbruchs und der Veränderung oder auch der Entbehrung und des Verlusts fühlen wir uns manchmal hoffnungslos und mitunter sogar unfähig, unseren Alltag wie bisher weiterzuleben. In solchen Phasen können wir auch in unserem Glauben ins Wanken geraten.

Es kann uns daher helfen, für solche Herausforderungen eine Schatztruhe unseres persönlichen Glaubens zu bestücken. Die Teilnehmer*innen erhalten ein Arbeitsblatt *(► OM9)* auf dem eine Schatztruhe abgebildet ist. Zudem Buntstifte, Schere, Kleber und Materialien mit verschiedenen Fotos und Bildern, die ausgeschnitten werden können. In der Schatztruhe können nun Ressourcen Platz finden, die im Glauben liegen. Alternativ können die Teilnehmer*innen natürlich auch je eine Truhe basteln, z. B. aus Karton und suchen sich aus einem Fundus von Fotografien oder Postkarten passende Symbole, um die Schatztruhe individuell zu bestücken. In Kleingruppen können die „gefüllten“ Schatztruhen einander vorgestellt und reflektiert werden.

OM9: Arbeitsblatt „Schatztruhe“ © Kaya/Kahlau

Methode zum Ausklang in Gruppenarbeit: Austausch „Wenn mein Glaube ein Bild wäre…“

In der Mitte des Raumes liegen Kunstpostkarten. Die Teilnehmer*innen werden gebeten, sich je eine Karte auszuwählen unter dem Gesichtspunkt „Wenn mein Glaube ein Bild wäre…“. Im Plenum stellen die Teilnehmer*innen anschließend die Auswahl erläuternd vor.

6 In Anlehnung an die Methode „Mein Biografisches Schatzkästlein“ (in Klingenberger 2015, S. 61).

Abbildung 8: Eine Galerie der Glaubenserfahrungen: Bilder unterstützen dabei, dem oft schwer Beschreibbaren einen Ausdruck zu verleihen

Fazit – Wozu uns das Märchen einlädt

Was glaubst du, wer du bist? Diese Frage hören wir meist in Streit- oder Konfliktsituationen. Für das Märchen „Die wilden Schwäne" darf die Frage in einem freundlichen Tonfall Programm sein. Denn es geht um den persönlichen Glauben – oder erweitert betrachtet auch um diese Fragen: Was gibt uns Hoffnung? Was bedeutet uns die Vorstellung von praktizierter Selbst- und Nächstenliebe?

Sehr eindrücklich ruft uns das Märchen auch dazu auf, unseren eigenen Platz in unserem Familiensystem zu erforschen, um besser zu verstehen, welche Verhaltensweisen wir manchmal auch in anderen sozialen Systemen einsetzen.

Die Prinzessin auf der Erbse (Hans Christian Andersen)

Von Feingefühl und weiblicher Intuition – vom äußeren Schein und den inneren Werten

Auf einen Blick
Themenschwerpunkte: Mein weibliches Ich, innere Werte leben, meinem Gespür vertrauen, Partnerwahl

Praxisimpulse: „Königin und Prinzessin im Märchen", „Wenn ich eine Baumkrone wäre", „Fühlsäckchen", „Mit allen Sinnen", „Rücken an Rücken", „Du und ich", „Drum prüfe, wer sich ewig bindet", „Ich backe mir meinen Traumprinzen/meine Traumprinzessin"

Das Märchen

Es war einmal ein Prinz, der auf der Suche nach einer echten Prinzessin war, die seine Frau werden sollte. Um eine solche Prinzessin zu finden, reiste er in der ganzen Welt umher. Obwohl er dabei vielen Prinzessinnen begegnete, war er sich nie ganz sicher, ob es auch wirkliche Prinzessinnen waren oder ob sie dies nur vorgaben. Immer gab es etwas, was an ihnen nicht stimmte. Enttäuscht kehrte der Prinz schließlich nach Hause zurück.

Als eines Abends ein großes Unwetter tobte, klopfte es am Tor des Schlosses. Der König höchstpersönlich öffnete und vor ihm stand ein junges Mädchen. Sie war vom Regen völlig durchnässt und sah erbärmlich aus. Dennoch beteuerte sie, eine echte Prinzessin zu sein.

Um die Wahrheit herauszufinden, hatte die Königin eine Idee: Im Schlafzimmer nahm sie alle dicken Zudecken vom Bett herunter und platzierte ganz unten eine kleine Erbse. Darauf bettete sie an die 20 Matratzen und 20 Decken. Sie verriet niemandem davon. Eine echte Prinzessin sollte die Erbse spüren können, da war sich die Königin sicher.

Am nächsten Morgen fragte sie die Prinzessin, wie sie geschlafen habe. Sie gab zurück: „Ich hatte eine furchtbare Nacht und konnte kaum ein Auge zutun. Es war so schrecklich hart unter meinem Rücken, dass ich nun ganz grün und blau bin." Daran erkannte die Königsfamilie, dass sie wirklich eine wahrhaftige Prinzessin war, denn niemand sonst konnte so empfindlich sein. Der Prinz war glücklich und nahm die Prinzessin zur Frau.

Verborgene Motive – Worum geht's?

Das Märchen „Die Prinzessin auf der Erbse" ist kurzgehalten und könnte auf den ersten Blick recht oberflächlich daherkommen. Es lohnt sich jedoch, tiefer zu blicken.

Zunächst finden wir uns in einer Suchaktion wieder. Der Prinz geht auf eine weite Reise, um nach einer geeigneten Ehefrau zu suchen. Bemerkenswert ist hier bereits, dass der Königssohn die Auswahl einer Braut nicht einfach den Eltern überlässt, sondern sich selbst auf die Suche macht. Er nimmt den Kontakt zum anderen Geschlecht auf und sammelt dabei Erfahrungen. Wir erfahren auch nichts Konkretes darüber, welche Eigenschaften sich der Prinz bei seiner Traumpartnerin wünscht. Nur eines ist für ihn sicher: Es soll eine wahre Prinzessin sein.

Aber ausgerechnet dieses zentrale Kriterium erfüllt zu sehen, scheint gar nicht so einfach zu sein. Denn auf seiner Reise begegnen dem Prinzen zwar viele Frauen. Er ist jedoch – ob zu Recht oder nicht, wissen wir nicht – misstrauisch und nimmt keiner der Prinzessinnen ihre möglicherweise adlige Herkunft ab. So kehrt er letztlich erfolglos nach Hause ins königliche Schloss zurück. Damit aber ist die Erbfolge in Gefahr. Denn ohne Prinzessin kein königlicher Nachwuchs. Somit ist das ganze Königreich gefährdet.

Just in dem Moment, als der Prinz die Suche nach der Richtigen enttäuscht aufgibt, passiert das Unerwartete: Die Prinzessin, die er sich so dringlich herbeigesehnt hatte, steht plötzlich vor der Tür und sucht Zuflucht im Schloss vor einem Unwetter. Sie befindet sich offenbar auf der Suche nach Schutz. Mutterseelenallein sieht sie sich den Gefahren der Welt ausgesetzt. Als sie schließlich bei dem fremden Schloss ankommt, sind es die Eltern des Prinzen, die die vorgegebene Identität der jungen Frau zunächst in Frage stellen, denn die Schutzsuchende sieht, durch Regen und Wind zerzaust, erst einmal so gar nicht aus wie eine Prinzessin.

Jedoch wenden sie sich nicht gleich von der Frau ab, sondern verfolgen einen Plan. Die Königin hat eine geniale Idee – vielleicht ist es weibliche Intuition? – wie sie herausfinden kann, ob die Prinzessin wirklich ist, wer sie vorgibt zu sein. Eine winzig kleine Erbse ist der Schlüssel. Nur eine wahre Prinzessin wäre so sensibel, dass sie diese unter den zahlreichen Bettdecken erspüren kann, da ist sich die Königin sicher. Damit lenkt sie den Fokus weg vom äußeren Erscheinungsbild und prüft, wie es um das innere Gespür der potenziellen Schwiegertochter steht. Sie lässt sich nicht vom Aussehen der

Prinzessin, die durch das heftige Einwirken der Naturgewalten erbärmlich wirkt, abschrecken, sondern bittet sie herein und prüft die junge Frau. Mithilfe des Erbsen-Tests bietet sie dem Misstrauen die Stirn, indem sie handfeste Beweise über die Identität der Prinzessin schafft. Da das für den Sohn so wichtige Kriterium einer wahren Prinzessin bei der Brautwahl erfüllt ist, steht der Hochzeit nichts im Weg.

Dass Prinz und Prinzessin schließlich heiraten, klingt zunächst wie ein Happy End. Jedoch erfahren wir nichts darüber, ob die beiden tatsächlich glücklich und zufrieden bis an ihr Lebensende zusammenlebten.

Aspekte für die Biografiearbeit: Lebensthemen und Lebensfragen

Das Märchen wirft mit der zugrunde liegenden Frage „Wer bin ich?" die existentielle Sinnfrage auf. In der Biografiearbeit ist diese Frage nach der eigenen Identität zielleitend. Besonders interessant ist der Aspekt der Körperlichkeit und hierbei das Feingefühl, das im Märchen angesprochen wird. Nicht das äußere Erscheinungsbild, sondern vielmehr das, was die Prinzessin spürt, ihre Sensibilität, macht sie zu der, die sie ist.

Mein weibliches „Ich"

- Was habe ich als Kind als weiblich empfunden? Was ist für mich inzwischen Weiblichkeit?
- Welche weiblichen Vorbilder/Orientierungsfiguren gab es in meinem Leben? Inwiefern haben sie mein Verständnis von Weiblichkeit geprägt? Wie lebe ich anderen heute meine Weiblichkeit vor?
- Was wurde von mir als Mädchen erwartet, was war verpönt? Wie ist das heute als Frau?
- Was macht mich als einzigartigen Menschen und insbesondere als Frau aus?

Innere Werte leben

- Welche Werte sind mir wichtig? In welchen Momenten zweifelte und zweifle ich an meinen Wertvorstellungen?
- Haben sich meine Werte im Laufe des Lebens gewandelt?
- Was waren Werte, die in meiner Familie gelebt wurden? Waren und sind diese familiär tradierten Werte mit meinen Werten übereinstimmend?

Meinem Gespür vertrauen

- Konnte ich als Kind etwas spüren, was andere nicht gespürt haben?
- Wurde meine weibliche Intuition geschätzt? Wie erlebe ich das heute?

- In welchen Situationen fällt es mir schwer, meiner Intuition zu vertrauen?
- Was hilft mir, meine Intuition zu spüren?
- Wie stand ich früher und wie stehe ich heute zu meiner Intuition?
- Wurde Sensibilität und Feingefühl in meiner Familie geschätzt oder eher als Überempfindlichkeit abgetan?
- Wann wurde mir Überempfindlichkeit vorgeworfen? In welchen Situationen wurde mir kein Glauben geschenkt?
- In welchen Situationen hat mir meine Sensibilität Vorteile gebracht oder auch Nachteile?

Partnerwahl

- Wie sehr selbstbestimmt habe ich mich auf den Weg gemacht, um den Menschen zu finden, mit dem ich eine echte Beziehung eingehen wollte? Gab es da ggf. auch einen Erwartungsdruck von außen?
- Welche Qualitäten und Eigenschaften waren/sind mir bei der Partnerwahl besonders wichtig?
- Was schätze ich an meine*r Partner*in? Oder welche Qualitäten wünsche ich mir?
- Welche Kriterien legen/legten meine Eltern an meine Partnerwahl an? Was sind oder waren ihre Wünsche für einen geeigneten/eine geeignete Partner*in für mich? Welchen Einfluss haben/hatten sie?
- Welche Kriterien haben letztlich meine Partnerwahl bestimmt: Die Vorstellungen der Eltern oder die eigenen?
- Welche Erfahrungen habe ich bei der Suche nach echter Partnerschaft gemacht? Welche Überraschungen und welche Enttäuschungen erlebt?

Impulse und kreative Ideen für die Biografiearbeit

Einige der vorgestellten Motive des Märchens können insbesondere für die Biografiearbeit mit Frauen(-gruppen) wirksam Einsatz finden. Im Folgenden finden sich explizit für diese Adressatinnengruppe formulierte Methoden.[7]

7 In den methodischen Vorschlägen haben wir deshalb bei diesem Märchen als Ausnahme lediglich die weibliche Form der Ansprache gewählt.

Thema „Mein weibliches ‚Ich'"

Einführende Methode in Gruppenarbeit:
Brainstorming „Königin und Prinzessin im Märchen"
Anfangs gibt es Raum für eine Beschäftigung mit den weiblichen Charakteren des Märchens. Hierfür bietet sich eine Unterteilung in Kleingruppen an.

Auf einem Flipchart, das Königin und Prinzessin zeigt, werden die zentralen Charaktereigenschaften der Königin und der Prinzessin gesammelt und anschließend einander im Plenum vorgestellt.

Vertiefende Methode in Einzelarbeit:
Kreativübung „Collage von Weiblichkeit"
Den Teilnehmerinnen liegen verschiedene Zeitschriften vor verbunden mit der Aufgabe, daraus für sie weiblich konnotierte Ausschnitte herauszutrennen und auf einem Papierbogen zu einem Gesamtbild zusammenzufügen. Anschließend werden die Collagen im Plenum vorgestellt.

Methode zum Ausklang in Einzelarbeit:
Kreativübung „Wenn ich eine Baumkrone wäre…"
Die Teilnehmerinnen erhalten Malstifte und Papier. Darauf gestalten sie ihren persönlichen Baum samt Baumkrone Was für ein Baum bin ich? Welche Wurzeln habe ich mitbekommen? Wie sieht mein Stamm, mein Fundament aus, z. B. schmal und weiß wie der Stamm der Birke? Welche Blätter habe ich an meinen Ästen? Bewegen sie sich im Wind oder sind sie statisch wie Tannennadeln? Im Plenum werden die entstandenen Bäume im Kreis vorgestellt und reflektiert.

Thema „Meinem Feingefühl und meinem Gespür vertrauen"

Einführende Methode in Gruppenarbeit: Spiel „Fühlsäckchen"
In einem Stuhlkreis wird ein Fühlsäckchen herumgegeben, in dem sich verschiedene Gegenstände befinden. Die Teilnehmerinnen ertasten je einen Gegenstand und überprüfen das Vermutete. Anschließend werden die Erfahrungen zu zweit reflektiert.

Vertiefende Methode in Einzel- oder Gruppenarbeit:
Traumreise „Mit allen Sinnen"
Die Teilnehmer*innen dürfen es sich auf Stühlen bequem machen. Die Beine stehen fest auf dem Boden, die Augen sind geschlossen. Die Übungsleiterin liest langsam, mit sanfter Stimme und genügend Pausen folgende Traumreise (Textvorlage: ▸ *OM10*) vor:

Abbildung 9: Die Erfahrung von Weiblichkeit wird in einer Collage dargestellt. Das ergibt Anlass für einen wertvollen Austausch unter den Teilnehmerinnen

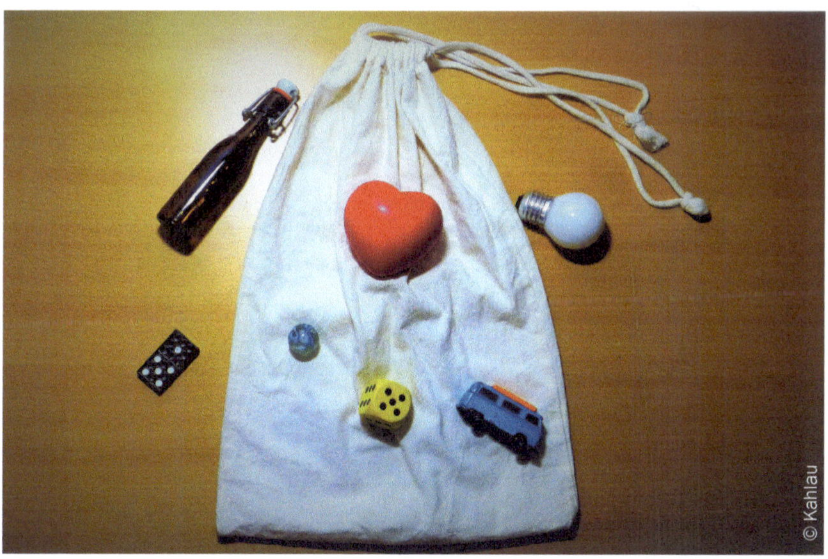

Abbildung 10: Ein Säckchen macht unser Feingefühl erlebbar

Setze oder lege dich bequem hin, schließe die Augen und lasse alle Anspannung los.
Nehme deinen Atem bewusst wahr, verändere ihn dabei nicht.
Beobachte deine Gedanken freundlich und lass sie vorüberziehen wie eine Schar Vögel – oder wie die Wolken am Himmel – ohne sie zu bewerten.
Dein Atem ist ruhig und du bist völlig entspannt.
Vor deinem inneren Auge tut sich ein Weg auf. Er führt dich an deinen persönlichen Lieblingsort, den nur du kennst. Dein Lieblingsort kann real existieren oder phantasievoll erdacht sein.
Wo bist Du? Was siehst du? Bist du in der Natur? Vielleicht an einem Wasser? Vielleicht auf einer Wiese? Oder in den Bergen? In einem Wald? Scheint die Sonne, weht ein kühler Wind? Siehst du Bäume um dich herum oder bist du auf einer Lichtung?
Oder befindest du dich in einem geschützten Raum, vielleicht bei Kerzenschein auf dem Sofa, eingekuschelt in eine Decke? Vielleicht ist es auch ganz anders?
Wo auch immer du jetzt sein möchtest: Stelle es dir vor, so genau, wie es dir möglich ist.
Wenn du an deinem Lieblingsort angekommen bist, schaue genau hin, Und nimm deine Umgebung auch mit allen anderen Sinnen wahr: Achte auf die Geräusche, die Farben, die Materialien, die Temperatur, die Düfte…
Und schaue dich um: Bist du alleine oder mit jemandem gemeinsam dort? Vielleicht ist eine dir vertraute Person da – wen siehst du? Oder ist es ein tierischer Begleiter? Lass die Bilder zu dir kommen und lass sie auf dich wirken.
Nun ist es langsam wieder Zeit, ganz behutsam diesen Ort zu verlassen. Nimm dir einen Moment Zeit, dich zu verabschieden, indem du dich bedankst für alles, was dir begegnet ist.
Kehre ins Hier und Jetzt zurück, spüre deinen Körper. Strecke und dehne dich, wenn du magst.
Wenn du soweit bist, komm' in die Gegenwart, hier in diese Gruppe, zurück.

Nach der Traumreise bietet es sich an, die Teilnehmerinnen ein Bild malen zu lassen und so das Erlebte zum Ausdruck zu bringen. Anschließend gibt es Raum für Austausch über das Erlebte. Fragen können sein: „Was hat Ihnen besonders gut gefallen? Was vom Erlebten würden Sie gerne in Ihre Lebensrealität mitnehmen bzw. integrieren? Worauf haben Sie Lust bekommen, es im Alltag zu erspüren?

OM10: Textvorlage Traumreise „Mit allen Sinnen“ © Kaya/Kahlau

Methode zum Ausklang in Gruppenarbeit: Körperübung „Du und ich“
Immer zwei Teilnehmerinnen setzen sich Rücken an Rücken. Der/Die Übungsleiter*in startet eine ruhige, entspannende Musik. Beide Teilnehmerinnen bewegen sich, bzw. ihre Rücken sanft entsprechend der Klänge. So entsteht eine leichte, angenehme Rückenmassage. Reflektierende Anschluss-Fragen im Zwiegespräch könnten lauten: „Wie fühlte es sich an, auf diese Weise mit einem anderen Menschen in Kontakt zu kommen?“, „Wie habe ich mich gespürt?“, „Wie den/die Partner*in?“, „Was tat mir gut?“, „Was fand ich angenehm, was vielleicht auch nicht?“.

Thema „Partnerwahl“

Einführende Methode in Zweier-Teams:
Geh-Spräch „Drum prüfe, wer sich ewig bindet“
Die Teilnehmerinnen werden zu zweit in ein Geh-Spräch mit diesen möglichen Fragen geschickt: Welche Bedeutung hat das Thema Partnerwahl für Sie? Haben Sie den/die Richtige*n gefunden? Welche Kriterien sind Ihnen wichtig? Welche Rolle spiel(t)en Ihre Eltern bei der Partnerwahl?

Vertiefende Methode in Einzelarbeit: Kreativübung „Ich backe mir meinen Traumprinzen/meine Traumprinzessin“
Die Teilnehmerinnen erhalten je ein Stück Gestaltungsmasse, erhältlich im Bastelbedarf-Fachgeschäft. Nun dürfen sie frei ihren/ihre Traumpartner*in „backen“, falls gewünscht mithilfe von diversen Backutensilien wie Rolle, Ausstechformen usw. Die entstandenen Traumpartner*innen werden anschließend getrocknet.

Fazit – Wozu uns das Märchen einlädt
Ein Märchen nur für Frauen? Nein, das zwar nicht ausschließlich, aber doch ein Märchen, das den Fokus auf Weiblichkeit zulässt. Durch den Einsatz der „Prinzessin auf der Erbse“ in der Biografiearbeit lassen sich spielerisch die Aspekte Weiblichkeit, innere Werte, Sensibilität und Partnerwahl betrachten. Es lässt eine intime Atmosphäre zu, in der die weibliche Identität gestärkt, das Intuitionsvermögen aufgegriffen und die Erwartungen an einen/eine Partner*in vertrauensvoll angesprochen werden darf.

Der Hase und der Igel (Gebrüder Grimm)

Von Hochmut und gekränktem Selbstwert – von Wettbewerb und Bevormundung

Auf einen Blick

Themenschwerpunkte: Selbstwert, Selbstachtung, Wettbewerb, Leistungsvergleich, Partnerwahl

Praxisimpulse: „Mein Name ist Hase...", „Tierische Muster – menschliche Züge", „Das Tier und ich", „Was nehme ich mit?"

Das Märchen[8]

An einem schönen Sonntagmorgen im Herbst zog der Igel gut gelaunt aus, um einen Spaziergang zu machen und nach den Steckrüben zu schauen von denen sich Familie Igel ernährte. Vor dem Feld begegnete ihm der vornehm gekleidete Hase und der Igel wünschte ihm höflich einen guten Morgen. Der Hase ging auf den Gruß aber überhaupt nicht ein sondern erwiderte hochnäsig: „Wie kommt es, dass du schon so früh am Morgen im Feld herumläufst? Du könntest deine Beine doch wohl zu besseren Dingen gebrauchen!"

Diese Antwort ärgerte den Igel sehr, denn alles konnte er vertragen, nur nicht Spott über seine Beine – eben gerade, weil sie von Natur aus schief waren! Und so schlug er dem Hasen einen Wettlauf vor: „Wir wollen ja sehen, wer mit seinen Beinen mehr anfangen kann, du oder ich!" Das brachte den Hasen zum Lachen: „Du mit deinen krummen Beinen willst mich im Laufen bezwingen?" Doch siegesgewiss willigte er ein und sie wetteten um einen goldenen Dukaten und eine Flasche Branntwein. Der Hase wollte gleich mit dem Rennen beginnen, doch der Igel sagte: „Nur keine Eile. Ich bin noch ganz nüchtern und will erst nachhause gehen, um zu frühstücken. In einer halben Stunde bin ich wieder hier." Auf dem Weg zurück zu seinem Haus war er sich ganz sicher geworden, den Hasen trotz dessen längeren Beinen im

8 „Der Hase und der Igel" steht in den Kinder- und Hausmärchen der Brüder Grimm ab der 5. Auflage von 1843 auf Plattdeutsch und stammt aus dem Hannoverschen Volksblatt von 1840. Ludwig Bechstein übertrug den Text ins Hochdeutsche und übernahm ihn in sein Deutsches Märchenbuch ab 1853 als „Der Wettlauf zwischen dem Hasen und dem Igel". Unsere Kurzfassung und die weiteren Betrachtungen basieren auf dieser Bechstein-Fassung.

Wettrennen schlagen zu können: „Er dünkt sich, ein vornehmer Herr zu sein, ist aber doch ein dummer Kerl!“

Zuhause angekommen erzählte er der Igel-Frau von der Wette und befahl ihr, sofort mit ihm ins Feld zu kommen. Die Frau schimpfte ihn aus und fragte, ob er wohl den Verstand verloren hätte. Er aber verbat ihr den Mund und so folgte sie. Unterwegs erklärte er ihr seinen Plan: „Dort auf dem langen Acker wollen wir unseren Wettlauf machen. Der Hase läuft in der einen Furche und ich in der anderen. Da oben fangen wir an. Du hast weiter nichts zu tun als dich hier unten in die Furche zu stellen. Und wenn der Hase auf deiner Seite ankommt, so rufst du ihm entgegen: ‚Ich bin schon da!‘“

Als der Igel den Hasen oben am Feld traf, stellte sich jeder in seine Furche und der Lauf begann auf „Eins – Zwei – Drei“. Der Hase stürmte los. Der Igel aber machte nur drei Schritte, duckte sich und blieb dann ruhig hocken.

Als der Hase oben am Feldrand angekommen war, rief ihm die Igel-Frau wie verabredet entgegen: „Ich bin schon da!“. Der Hase aber wollte nicht glauben, dass der Igel schneller sein sollte als er. Und er erkannte die List nicht, weil er nicht wusste, dass Frau Igel und Herr Igel sich zum Verwechseln ähnlich sahen. So rief der Hase außer sich vor Eifer: „Nochmal gelaufen – wieder zurück!“ „Meinetwegen!“, hieß es da nur.

So ging es lange hin und her. Doch jedes Mal, wenn der Hase an einem Feldende angekommen war, hörte er wieder nur ein „Ich bin schon da!“.

Dreiundsiebzigmal flitzte der Hase so schnell er konnte hin und her, weil er jedes Mal nicht fassen konnte, verloren zu haben. Beim vierundsiebzigsten Mal schließlich fiel er mitten in der Furche vor Erschöpfung tot um. Der Igel aber nahm den Golddukaten und die Flasche Branntwein, rief seine Frau von ihrem Posten ab und beide gingen nach Hause.

Verborgene Motive – Worum geht's?

Beim vornehmen, aber hochmütigen *Hasen* fällt besonders auf, dass er letztlich seinem eigenen blinden Eifer, seinem falschen Ehrgeiz und Stolz zum Opfer fällt. Er will den Kampf unter keinen Umständen verloren geben. Den Kürzeren zu ziehen, eine Niederlage zu erleiden ist in seiner Welt unvorstellbar. Er ist darum vollständig auf sich selbst und das Gewinnen fokussiert, beachtet seinen Gegner im Wettstreit also kaum und bemerkt darum auch nicht dessen Betrug. Für diese Verengung des Blickfeldes bezahlt er am Ende mit dem Leben, er wird zur tragischen Figur.

Herr Igel startet gut gelaunt in den Tag. Aber schon eine provokative Anspielung des Hasen auf die krummen Igelbeine reicht, um ihn aus der Fassung zu bringen und trifft ihn bis ins Mark. Auch wie er später seiner Frau rigoros den Mund verbietet, als sie kritische Bemerkungen zum geplanten Wettstreit mit dem Hasen wagt, macht deutlich: Er scheint bei Kritik äußerst dünnhäutig und schnell erregbar zu sein. Da stellt er dann doch rasch die „Stacheln auf" und neigt mindestens zu verbaler Aggression. In seinem Selbstwert ist er offenbar wenig gefestigt. Und freche Bemerkungen oder Kritik an ihm lösen bei dem Stacheltier unwillkürlich ein Minderwertigkeitsgefühl aus. Er versucht sofort, die erlittene Kränkung durch ein forsches Auftreten und mithilfe seiner Cleverness zu kompensieren. Ein aus tief gegründetem Selbst-Bewusstsein heraus handelndes Wesen würde hier sicher souveräner agieren.

Der Selbstwertangriff auf den Igel durch den Hasen führt im Märchen zu einem letztlich für den Hasen tödlich endenden Duell, zu welchem ihn der Igel unter dem Motto „Ich werde dir deine Arroganz schon heimzahlen!" herausfordert.

Ehrstreitigkeiten waren den Menschen in der Entstehungszeit des Märchens gut bekannt. Nicht selten kam es vor, dass Männer, die sich in ihrer Ehre verletzt sahen, „Satisfaktion" forderten und sich dann mit Säbeln oder Pistolen duellierten – oft ebenfalls mit tödlichem Ausgang, wie im Märchen. So gesehen beschreibt die Geschichte sicher auch die damalige Lebenswirklichkeit. Den heutigen Leser*innen aber stellen sich bei der Reflexion kritische Fragen:

Wie weit darf man bei der Herausforderung eines Gegners oder einer Gegnerin gehen – vor allem, wenn dabei (wie beim Igel) aus Demütigung entstandene Rachegefühle im Spiel sind? Ist es klug, sich wegen Provokationen aufgrund eigener Unsicherheiten zu solch fatalen Vergleichskämpfen hinreißen zu lassen, wie der Igel es vorlebt? Es ist ja zudem kein fairer Vergleich, den der Igel hier im Sinn hat. Sind also Tricks oder Täuschungen erlaubt? Bis zu welchem Grad? Ist es außerdem in Ordnung, den Wettbewerb – wie der Igel es tut – unbarmherzig auf die Spitze zu treiben, ihn gnadenlos auf Leben und Tod durchzuführen? Und ist es ferner zulässig, auch Andere in die Auseinandersetzung mit hineinzuziehen, sie erst mundtot und dann zu Mittätern zu machen, wie der Igel es hier mit seiner Frau macht? Wieso überhaupt konzentriert sich der Igel nach der Kränkung so sehr auf seine eigenen Unzulänglichkeiten statt auf seine unbestreitbaren Vorzüge?

Was *Frau Igel* betrifft, so erweist sie sich einerseits als der entscheidende Faktor beim „Sieg" des Igel-Mannes im Wettrennen. Ohne ihr Mitwirken beim Austricksen des Hasen hätte der Igel keine Chance gehabt. Andererseits wird sie – trotz anfänglicher Proteste – im tatsächlichen wie im übertragenen Sinn zur Mitläuferin und trägt so Mitschuld am Tod des Hasen. Von ihrem Mann, der ihre Einwände überhört, wird sie bevormundet und grob zum Schweigen gebracht. Sie lässt sich zur nützlichen Idiotin machen, damit der Haussegen nicht schief hängt und „der Herr Gemahl" seine Ehre retten kann. Auch das ist nicht gerade ein Ruhmesblatt.

Es zeigen sich im Märchen also zahlreiche Motive, die über das vom Verfasser selbst gesetzte Fazit hinausgehen. Und keine der handelnden Figuren geht als strahlender Held vom Feld – alle müssen sich kritische Fragen gefallen lassen.

Aspekte für die Biografiearbeit: Lebensthemen und Lebensfragen

Selbstwert und Selbstachtung

- Welche Geschichten kenne ich aus meinem Leben, wo es um hochmütiges Verhalten und Arroganz sowie ihre Folgen für mich oder andere ging? Welche Menschen oder Alltagsszenen fallen mir ein?
- Kenne ich den Schmerz, den Kränkungen, Selbstwertangriffe, Provokationen und Demütigungen auslösen können? Was macht er mit mir?
- Wann, wo oder von wem wurde ich von anderen Menschen als fremd oder irgendwie anders wahrgenommen? Und womöglich wegen meiner körperlichen bzw. geistigen Fähigkeiten abgestempelt, ausgegrenzt, verspottet oder gemobbt? Welche Gefühle sind da bei mir hochgekommen und wie bin ich damit umgegangen?
- Welche den Selbstwert stärkenden – aber auch ihn schwächenden – Botschaften habe ich in meiner Kindheit und Jugend mit auf den Lebensweg bekommen? Mit welchen Konsequenzen für meinen weiteren Weg?
- Auch wenn ich in manchen Dingen bestimmt nicht so kompetent oder leistungsstark sein mag, wie andere Menschen: Welche besonderen Fähigkeiten und Begabungen habe ich, auf die ich mich verlassen kann, die mich souverän machen und die mir im Leben auch die Anerkennung Anderer eingebracht haben?
- Wer bestimmte in meiner Kindheit und Jugend, ob ich etwas gut konnte oder nicht? Welche Maßstäbe setze ich heute und künftig bei mir selbst dafür an?

Wettbewerb und Leistungsvergleich

- Welche Erfahrungen habe ich mit dem Leistungsvergleich bzw. mit Konkurrenz in der Familie, in der Schule, bei Arbeit, Sport und Spiel gemacht – als Kind und später als Erwachsener?
- Gibt es Erfahrungen von Fairness oder Unfairness in privaten oder beruflichen Auseinandersetzungen? Wer hat mich hier geprägt und meine Werte mitgestaltet?
- Kenne ich aus meinem Erleben blinden Eifer und falschen Ehrgeiz, welcher letztlich zur Selbstschädigung führte? Wie gut oder schlecht konnte ich früher und kann ich heute nachgeben oder verlieren? In welchen Wettbewerben befinde ich mich evtl. aktuell?

- Wann verhielt ich mich im Leben eher wie der siegesgewisse Hase? Oder eher wie der in seinem Selbstwert gekränkte Igel? Oder auch wie Frau Igel, die sich zur braven Mitläuferin machen ließ? Welche Folgen hatte für mich das eine oder andere Verhalten? Welche Reifungs- oder Lernerfahrungen habe ich aus solchem Verhalten mitgenommen?

Partnerwahl

- Was war bzw. wäre bei meiner Partnerwahl für mich ausschlaggebend?
- Welche Bereicherung kann eine Partnerschaft zweier Menschen unterschiedlicher Kulturen hervorbringen?
- Wann lohnt es sich, Kritik zu äußern und für die eigene Haltung einzustehen? Wann sind eher Kompromisse angebracht, um meine*n Partner*in zu unterstützen?
- Wann ist es in einer Partnerschaft eher richtig, zu schweigen – nur „um des lieben Friedens willen"? Und wann sollte man besser doch klar seine Meinung sagen?

Impulse und kreative Ideen für die Biografiearbeit

Alle drei oben genannten Themenaspekte können mit den folgenden methodischen Ansätzen gleichzeitig angesprochen und vertieft werden:

Einführende Methode in Gruppenarbeit:
Metaplan mit Bildern „Mein Name ist Hase…"

Noch bevor von der Gruppenleitung oder den Teilnehmer*innen Deutungen des Märchens vorgenommen werden, sind auf einem Metaplanboard drei Bilder – jeweils eines vom Hasen, von Herrn Igel und von Frau Igel – angebracht (alternativ als Bodenplakate ausgelegt) worden. Die Teilnehmer*innen notieren dann frei assoziierend Charaktereigenschaften zu jedem Tier: Solche, die sie als gute Eigenschaften deuten auf grüne Kärtchen, solche, die sie als schlechte Eigenschaften wahrnehmen auf rote Kärtchen.

Die Eigenschaften werden auf der Pinnwand rund um das Tierbild angepinnt (oder am Boden zum Plakat dazu gelegt). Wiederholungen (Eigenschaften, die auch andere TN bereits nannten) sind gewollt und dürfen ausdrücklich sein, denn sie verstärken den Gesamteindruck und geben der Eigenschaft mehr Gewicht.

Gemeinsam wird nun das Ergebnis angeschaut. Der/die Gruppenleiter*in kann dabei ergänzende Hinweise geben – in etwa so, wie oben unter der Überschrift „Verborgene Motive – worum geht's?" angesprochen werden.

Abbildung 11: Charaktereigenschaften zu den Märchenfiguren werden gesammelt und zugeordnet – hier wird der Hase beschrieben

Vertiefende Methode in Gruppenarbeit:
Austausch „Tierische Muster – menschliche Züge"

Es werden drei Kleingruppen gebildet, die sich jeweils eine der Tierfiguren (Hase oder Herr Igel oder Frau Igel) für eine tiefergehende Erörterung der Charaktere und ihrer Handlungsmuster vornehmen. Angeleitet wird dies mit dem Auftrag, so viele Aspekte zu dem gewählten Tier wie möglich zu erfassen, zu besprechen und auf einem Flipchart-Bogen aufzulisten: Wie sehe ich die Figur? Wie siehst Du sie? Wie verstehe ich das Handeln der Figur? Wie verstehst Du es? Wo werden Widersprüche und Brüche im Handeln oder im Charakter deutlich? Was davon finden wir eigentlich ganz „menschlich"?

Im Plenum werden die zusammengetragenen Aspekte je Märchenfigur präsentiert und dazu die Flipchart-Bögen auf einem Metaplanboard befestigt.

Vertiefende Methode im Zweier-Team: Geh-Spräch „Das Tier und ich"

In der Weiterarbeit kann in Zwiegesprächen mit frei gewähltem/r Gesprächspartner*in nun der Alltagstransfer erfolgen: Welche Erfahrungen haben die

Abbildung 12: Im Geh-Spräch können Tierkarten helfen, unsere Gedanken zu ordnen und in einen fruchtbaren Austausch zu kommen

Teilnehmer*innen im Leben mit den über die Märchentiere jetzt sichtbaren Handlungsmuster und Charakterzüge bei sich und anderen Menschen gemacht? Wann in ihrer Biografie lernten sie die eine oder andere gute bzw. weniger gute Eigenschaft bei sich oder anderen kennen? Mit welchen Folgen für das weitere Leben? Hier kann es seitens der Gruppenleitung im Vorfeld unterstützend sein, die im Abschnitt „Aspekte für die Biografiearbeit: Lebensthemen und Lebensfragen" aufgeführten Fragen vollständig oder teilweise einzubringen. Ferner empfiehlt es sich, jedem Gesprächspaar drei Tierkarten[9] (Hase, Igel-Mann, Igel-Frau) mitzugeben. Wer von beiden die Bildkarten gerade in der Hand hat, bekommt Sprechzeit und wird durch die Tierbilder beim Erzählen inhaltlich „geführt". Es entsteht dadurch weniger eine Diskussion, sondern vielmehr eine Runde mit Erzählperson und aktivem/r Zuhörer*in.

Methode zum Ausklang in der Gruppenarbeit: Blitzlichtrunde „Was nehme ich mit?"

Zurück im Plenum gibt es eine abschließende „Blitzlichtrunde" zu folgender Frage:

Herr Igel nimmt nach gewonnenem Duell einen Golddukaten und eine Flasche Branntwein mit. Was nehme ich heute von hier mit? Das Blitzlicht

9 Tipp: Quartett- oder „Schwarzer Peter"-Spielkarten eignen sich gut als Kopiervorlage für Hasen und Igel.

bietet jedem*r Teilnehmer*in Raum, kurz und knapp Aussagen zu Gedanken, Fragen oder Erkenntnissen aus dem Gruppentreffen zu formulieren.

Fazit – Wozu uns das Märchen einlädt

Über die unterschiedlichen Charaktere und Handlungsweisen der drei Figuren im Märchen vom Hasen, dem Igel und seiner Frau ergeben sich bereits interessante biografische Reflexionen zu eigenen Eigenschaften und Mustern und den persönlichen Lebenserfahrungen.

Eines der Hauptmotive des Märchens ist die Begegnung mit hochmütigen, arroganten Menschen – verbunden mit der Frage, wie sehr solche Menschen uns in unserem Selbstwert angreifen können. Daraus ergibt sich dann die spannende Frage, wie sich unser Selbstwertgefühl im Laufe unseres Lebens verändern oder entwickeln durfte. Leistungsvergleiche und Wettbewerbserfahrungen sind ein weiterer wichtiger Strang, dem wir anhand des Märchens folgen dürfen. Nicht zuletzt gibt das Märchen – im Blick auf Herrn und Frau Igel – auch zur Frage der Partnerwahl und dem guten Umgang unter Partner*innen einiges her.

Der Eisenhans (Gebrüder Grimm)

Vom Jungen zum Mann, von der Kraft des Wilden und davon, wie hilfreich Mentoren sein können

Auf einen Blick

Themenschwerpunkte: Junge-Sein, Erwachsenwerden, Männlichkeit, Wildheit

Praxisimpulse: „Märchensätze und Fragen an die Märchenfiguren", „Mein Weg vom Jungen zum Mann", „Tönen im Kreis", „So sieht Wildheit aus", „Wildnis-Zeit", „Meine Wildheit lebe ich heute..."

Das Märchen[10]

Ein Königreich hatte einen sehr großen Wald mit vielerlei Wild. Darum schickte der König einen Jäger hinein, um Rehe zu schießen, doch der Jäger kam nicht wieder zurück. Da sandte der König weitere Jäger mit einer ganzen Hundemeute aus, um den Verschollenen zu suchen, doch weder von den Männern noch von den Hunden kehrte jemals einer heim. Fortan traute sich niemand mehr in den Wald hinein.

Nach vielen Jahren erst meldete sich ein furchtloser fremder Jäger und bot an, zu erforschen, was in dem gefährlichen Gebiet vor sich ging. Mit seinem Hund zog er los und kam bald an einen tiefen Teich. Plötzlich streckte sich aus dem Wasser ein nackter Arm empor, packte den Hund und zog ihn rasch hinab. Als der Jäger das sah, holte er Männer aus dem Schloss zur Hilfe, die mit Eimern den Teich ausschöpfen mussten. Auf seinem Grund fanden sie einen wilden Mann, braun wie Rost am Leib und mit Haaren bis zu den Knien. Die Männer nahmen ihn mit zum Schloss, wo er vom König in einen Käfig eingesperrt wurde. Es wurde bei Lebensstrafe verboten, den Käfig zu öffnen, und der König gab den Käfigschlüssel der Königin in Verwahrung.

10 In der Originalfassung der Sammlung der Gebrüder Grimm ist dies ein recht langes Märchen. Hier müssen wir uns mit einer gekürzten Zusammenfassung begnügen. Aber es ist empfehlenswert, sich den Originaltext zur Hand zu nehmen. Denn die Geschichte ist reich an sprachlichen Bildern und symbolhaften Handlungen – und damit reich an wertvollen Aspekten, zu denen sich eine biografische Reflexion sehr lohnt.

Eines Tages spielte der Königsohn, ein Junge von acht Jahren, im Schlosshof mit seinem goldenen Ball. Da rollte der Ball in den Käfig des wilden Mannes. Der Junge bat den Gefangenen um Herausgabe, doch der sagte: „Erst wenn du mir dafür die Käfigtüre aufmachst!" Weil der Knabe wusste, dass sein Vater dies verboten hatte, lief er ängstlich fort. An den nächsten beiden Tagen wiederholte sich diese Szene. Am dritten Tag sagte der Knabe: „Selbst, wenn ich dir öffnen wollte, ich weiß nicht, wo der Schlüssel ist." Da verriet ihm der wilde Mann: „Er liegt unter dem Kopfkissen deiner Mutter." So holte der Prinz schließlich dort den Schlüssel und als er das Schloss öffnete, klemmte er sich böse den Finger ein. Trotz der Schmerzen nahm er seinen goldenen Ball. Als der wilde Mann gerade weglaufen wollte, rief ihm der Junge nach: „Geh nicht fort, sonst bekomme ich Schläge!" Da hob der Befreite den Knaben auf, setzte ihn auf seine Schultern und floh mit ihm in den Wald. Dort angekommen nahm der wilde Mann den Jungen bei sich auf und versprach ihm, dass er es guthaben solle, wenn er alles täte, was er ihm auftrage. Auch erzählte er ihm von seinen reichen Goldschätzen. Im Schloss wurde das Geschehnis und das Verschwinden des Prinzen bald bemerkt, doch man suchte vergeblich nach dem Knaben und so verfiel das Königreich schließlich in große Traurigkeit.

Am nächsten Morgen brachte der wilde Mann den Knaben zu einem Goldbrunnen, hell und klar wie Kristall. Er gab ihm die Aufgabe, darauf zu achten, dass ja nichts hineinfiele und den Brunnen verunreinige. Das tat der Königssohn auch, doch bald schmerzte ihn sein verletzter Finger so sehr, dass er ihn unwillkürlich ins Wasser steckte. Rasch zog er ihn wieder heraus, doch er war schon ganz vergoldet und der Junge konnte den Glanz auch nicht mehr abwischen. Als der wilde Mann dies abends bemerkte, ließ er es ihm durchgehen, schärfte ihm aber ein, am kommenden Tag achtsamer zu sein. Doch auch am Folgetag tat dem Knaben der Finger weh und er fuhr damit über seinen Kopf. Da fiel ein Haar in den Brunnen. Auch das bemerkte der wilde Mann am Abend, gab ihm jedoch noch eine weitere Chance. Am dritten Tag am Goldbrunnen wurde die Zeit dem Jungen schließlich so lang, dass er in die Oberfläche schaute, in dem sich sein eigenes Angesicht spiegelte. Als er sich dabei immer tiefer beugte, fielen ihm seine langen Haare von der Schulter hinab in den Brunnen und als er sich erschrocken aufrichtete, glänzten sie wie die Sonne. Abends kehrte der wilde Mann zurück und wusste schon alles: „Du hast die Probe nicht bestanden. Gehe hinaus in die Welt und erfahre, was Armut heißt. Aber weil du ein gutes Herz hast und ich es gut mit dir meine, erlaube ich dir, immer nach mir – dem ‚Eisenhans' – zu rufen, wenn du in Not gerätst. Und ich werde kommen und dir helfen!"

So zog der Königsohn fort, gelangte in eine Stadt und fand am Hofe des dortigen Königs eine Anstellung als Küchenjunge, wo er dem Koch Brennholz und Wasser zutragen musste. Eines Tages aber war beim Auftragen der

Speisen an die königliche Tafel niemand anderes zur Stelle und der Knabe sollte aushelfen. Weil er aber seine goldenen Haare nicht zeigen wollte, zog er nicht, wie es Sitte war, sein Hütchen vor dem König, sondern behielt es auf. „Ach, Herr, ich habe einen bösen Grind auf dem Kopf", begründete er sein Fehlverhalten und wurde zur Strafe mit dem Gärtnerjungen ausgetauscht. Nun musste er bei jedem Wetter draußen hart im Garten arbeiten. An einem heißen Sommertag wollte er seinen Kopf kühlen und setzte sein Hütchen ab. Da strahlte der Goldglanz seiner Haare bis hinein in die Stube der Prinzessin. Die wollte sofort sehen, was das wäre und erblickte den Jungen und sein Haar. Sie befahl daraufhin dem Gärtnerjungen, ihr einen schönen Blumenstrauß zu bringen. Der Knabe aber band einen Strauß aus wilden Feldblumen und brachte ihn der Königstochter. In Ihrem Zimmer angelangt, verlangte die Prinzessin von ihm, sein Hütchen abzunehmen, doch er weigerte sich. Da griff sie danach und zog es ihm vom Kopfe ab, so dass die goldenen Haare auf die Schultern herabfielen. Da wollte der Junge fortspringen, sie aber hielt ihn am Arm fest und gab ihm ein paar Dukaten. Die achtete er gar nicht, sondern gab sie dem Gärtnerskind zum Spielen. Drei Tage lang verlangte die Königstochter immer einen neuen Blumenstrauß und versuchte wieder, nach seinem Hut zu greifen. Doch es gelang ihr nicht mehr – und der Knabe wollte auch ihre Golddukaten nicht weiter haben.

Bald danach wurde das Land mit Krieg überzogen. Deshalb sammelte der König sein Volk, um ein Heer zusammenzustellen. Da sagte der Gärtnerjunge: „Ich bin herangewachsen und will auch in den Krieg ziehen." Man lachte ihn aus, gab ihm aber schließlich ein hinkendes Pferd und hoffte, ihn auf diese Art bald los zu sein. Doch der Knabe ritt an den Waldrand und rief dort dreimal laut „Eisenhans!", der bald darauf erschien. Er erbat von ihm ein starkes Ross. Da gab ihm der Eisenhans nicht nur ein prächtiges Pferd, sondern gleich noch eine große Schar Kriegsvolk, ganz in Eisen gerüstet und mit Schwertern bewaffnet. Mit diesem Heer jagte der Jüngling hinein in das Kampfgeschehen und kam gerade noch rechtzeitig, um eine vernichtende Niederlage seines Königs abzuwenden und die Feinde zu besiegen. Er gab sich aber nicht zu erkennen.

Da die Prinzessin unbedingt wissen wollte, wer der fremde Retter im Kampf gewesen war, ließ der König ein drei Tage lang dauerndes Ritterfest ansagen und versprach demjenigen seine Tochter zur Frau zu geben, der beim Fest den goldenen Apfel der Königstochter auffangen würde.

Nun bat der Knabe wieder den Eisenhans um Hilfe. Jeden Tag nahm er mit dessen Hilfe unerkannt am Wettbewerb teil – erst als roter Ritter auf einem prächtigen Fuchs, dann als weißer Ritter mit einem Schimmel und schließlich als schwarzer Ritter mit einem Rappen. Jedes Mal fing er, und kein anderer, den goldenen Apfel, entschwand aber stets rasch damit. Am letzten Tag befahl der König ihm nachzujagen. Dabei kamen des Königs Soldaten ihm so nahe, dass ihn ein Schwert am Bein verwundete und ihm auch noch der Helm vom Kopf fiel. Die Verfolger sahen zwar noch seine goldenen Haare, er aber konnte entfliehen und tauchte erst als Gärtnerjunge wieder am Hofe auf. Die Prinzessin aber hatte schon erraten, wer der rettende Krieger im Kampf war und auch wer der Ritter war, der beim Fest stets den goldenen Apfel fing. Sie ließ den Gärtnerjungen kommen, nahm ihm sein Hütchen ab und der Knabe gab nun alles zu. Er zeigte der Königstochter die drei goldenen Äpfel und bot an, als weiteren Beweis seine Verwundung am Bein zu zeigen. Doch ihr war längst klar, dass er kein einfacher Gärtnerjunge sein konnte, und erzählte ihrem Vater alles. Der versprach dem Jüngling dankbar seine Tochter zur Frau. Diese war ebenso gerne einverstanden und so gab es bald am Hof ein großes Hochzeitsfest, zu dem auch die Eltern des Prinzen kamen. Sie waren froh, ihren Sohn endlich wieder zu sehen. Da, mitten im Fest, schwieg plötzlich die Hochzeitsmusik und ein stolzer König mit großem Gefolge trat ein. Er ging auf den Jüngling zu, umarmte ihn und sprach: „Ich bin der Eisenhans und war in einen wilden Mann verwünscht, aber du hast mich erlöst. Alle Schätze, die ich besitze, die sollen dein Eigentum sein."

Verborgene Motive – Worum geht's?

Der Eisenhans erzählt eine klassische Initiationsgeschichte, die – zwar oft symbolhaft verschlüsselt, aber doch deutlich genug – den Weg der Reifung eines Jungen zum Mann beschreibt. In einem zweiten Erzählstrang erfahren wir auch von der Befreiungsgeschichte des wilden Mannes (später „Eisenhans" genannt). Wir dürfen also zum einen beobachten, wie durch zahlreiche Prüfungen und Verwundungen aus einem Knaben ein selbstbewusster Erwachsener wird. Zum anderen sehen wir, wie ein in seiner ungezügelten Wildheit gefangener erwachsener Mann durch Verantwortungsübernahme sowie durch eine wertvolle Mentoren-Rolle schließlich erlöst und wie alles Wilde als edle Tugend in seine Persönlichkeit integriert wird.

Bleiben wir zunächst beim anfangs achtjährigen *Königssohn.* Der goldene Ball, mit dem er spielt, und der dabei in den Käfig des wilden Mannes rollt, reißt den Prinzen unversehens aus seiner bisher wohlbehüteten Kindheit. Der gerade noch unschuldige Knabe kommt mit der unvermeidlichen Wildheit des Lebens außerhalb des geschützten Raumes des elterlichen Schlosses in Kontakt und entdeckt diese – wenn auch schmerzhaft – bald in sich selbst, als er nach einigem Zögern und gegen den Willen der Eltern, letztlich aber doch kühn entschlossen, den Käfig des wilden Mannes öffnet. Dass er dafür zuerst den Schlüssel unter dem „Kopfkissen der Mutter" stehlen muss, ist an tiefenpsychologischer Symbolik kaum zu überbieten: Damit ein Junge zum Mann werden kann, muss er sich aus dem symbiotischen Bannkreis der Mutter lösen.[11] Diese Ablösung ist weder für den Jungen noch für die Mutter schmerzfrei. Auch im Märchen nicht: Der Junge klemmt sich bei der Befreiung des wilden Mannes aus dem Käfig seinen Finger ein. Die Abgrenzung von der Mutter ist aber die Voraussetzung, dass ein heranwachsender Knabe zu seiner männlichen Identität findet. Es ist wichtig, dass er nicht weiter vorrangig von weiblichen Bezugspersonen geprägt wird und sich selbst ausschließlich über das Weibliche definiert. Vielmehr wird zuerst der Vater[12] und darüber hinaus werden weitere männliche Personen, für den Jungen zu wichtigen Lehrern.

Intuitiv und mutig ist der Junge bereit, lieber mit dem wilden Mann fortzugehen als sich dem Zorn der Eltern auszusetzen. Von dem Wilden auf dessen Schultern davongetragen – damit gewissermaßen „adoptiert" – muss er nun eine geradezu heilige Aufgabe übernehmen, bei der er eigentlich nur versagen kann: Er soll den goldenen Brunnen bewachen, damit dieser nicht verunreinigt wird. Die Verletzung am Finger – bei der Befreiung des Wilden entstanden – wird ihm dabei einerseits zum Verhängnis, weil er im kühlen Brunnen seine Wunde kühlen will, was ihm jedoch verboten ist. Andererseits wird diese Wunde beim Eintauchen in den Brunnen aber für immer vergoldet – als Erinnerung daran, dass Scheitern zum Leben gehört, dieses Dasein hart und Leiden unvermeidbar ist und dass niemand, auch ein Prinz nicht, makellos rein, perfekt und fehlerlos bleiben kann.[13]

Ähnliches geschieht mit seinen Haaren: Erst fallen sie beim selbstverliebten Blick ins eigene Spiegelbild auf der Wasseroberfläche in den Brunnen. Doch danach vergoldet sich sein Schopf für immer und der Glanz gibt ihm die königliche Würde zurück, die ihm als echter Prinz ja gebührt – auch wenn er die Haarpracht noch eine Weile verborgen halten muss. Vielleicht entdeckt er in diesem Augenblick auch erstmals seine männliche Schönheit?

Als Konsequenz der nicht bestandenen Prüfung aber, trägt ihm der wilde Mann in seiner Rolle als Mentor auf, hinaus in die Welt zu ziehen, um zu lernen, was Armut bedeutet. Und auch das nimmt der Junge als Aufgabe an, wird an einem fremden Königshof erst als Küchenjunge herumgeschubst und verdingt sich dann als Helfer des Gärtners.

Die erste Person, die ahnt, dass es sich nicht um einen gewöhnlichen Knaben handelt, ist die ebenfalls junge Königstochter. Mit weiblicher Intuition erkennt sie das Gold, welches er ausstrahlt, obwohl er stets darum bemüht war, es zu verbergen.

---

11 Vgl. Leimbach 2010, S. 85 ff.

12 Vgl. Leimbach 2010, S. 136 ff.

13 Vgl. Rohr 2011, S. 54: „In der mythologischen Tradition müssen dem jungen Mann Wunden geschlagen werden, er muss schwere Niederlagen erleiden und mit den rätselhaften Widersprüchen des Lebens konfrontiert werden, bevor er zur Erleuchtung gelangen kann".

Von Anfang an „knistert" es zwischen den beiden jungen Menschen. Sie verlangt ganz unverblümt vom Gärtnerjungen einen bunten Strauß. Und er überreicht ihr, zum Missfallen des Gärtners, kein prächtiges Zierblumengebinde, sondern pflückt Wildblumen. Das Spiel der Geschlechter mit manch reizvoller Tarnung und koketter Neckerei spielt der junge Mann gekonnt mit. Selbstbewusst zu einem Jüngling erwacht, will er schließlich auch in den Krieg ziehen und sich durch diesen Einsatz seiner Männlichkeit versichern. Er erinnert sich dabei an die Zusage des wilden Mannes, ihm beizustehen, wenn es nötig wird.

Und er hat bereits gelernt: Ein Mann, der meint, alles im Alleingang erledigen zu können, wird an seiner Überheblichkeit scheitern. Um Hilfe zu bitten, ist nicht unmännlich, sondern Zeichen von Stärke. Bestens ausgerüstet durch den Eisenhans verhilft der Knabe schließlich dem König, seinem Dienstherrn, zum Sieg, bleibt aber dabei unerkannt und spielt weiter den armen Gärtnerjungen. Als Krieger lernt er seine aggressiven Anteile kennen, kann sie in seine Persönlichkeit integrieren und in edles, ritterliches Handeln umwandeln. Er lernt dabei den Unterschied kennen zwischen einerseits blindwütiger Gewalt und andererseits Aggression im Sinne einer kraftvollen Ressource bei der Bewältigung gefährlicher Situationen.

Es ist von großer Bedeutung, dass Jungen auf dem Weg zum Mann ihre Wildheit, ihre instinkthafte Seite, kennenlernen dürfen und die erst noch ungebändigte Energie dabei spüren können. Dies darf heute – zum Glück – nicht nur im Wehrdienst, sondern z. B. auch im Friedensdienst, im Bundesfreiwilligendienst, im Sport oder bei politischen Bewegungen, wie Fridays for Future, geschehen. In solchem Engagement können Jugendliche lernen, ihre Kräfte zu messen, ihren Zorn, ihre oft berechtigte Entrüstung zu erfahren und zum Guten einzusetzen. Denn unerforschte, im Unbewussten festgehaltene Wildheit, kann sich in fehlgeleitetes aggressives oder auch autoaggressives Handeln, in rohe, destruktive Gewalt verwandeln und wird so für den jungen Mann und sein Umfeld zur Gefahr.[14]

Als es beim Ritterfest schließlich um die Hand der Prinzessin geht, wird der Knabe – wieder mit Hilfe des Eisenhans, der ihn jeweils erneut prächtig ausstattet – zum strahlenden Sieger. Prahlen und Protzen aber liegen ihm fern und immer noch offenbart er sich nicht. Doch, von der Prinzessin schließlich klar durchschaut und bewundert, zeigt er sich endlich als ganzer Mann, auch mit seinen Wunden – und wird reich dafür belohnt: Mit der Anerkennung durch den König und mit der Liebe der Königstochter. Jetzt ist die Zeit gekommen, auch seine Eltern wieder zu sehen und sich damit zu seiner königlichen Würde und Abstammung ganz zu bekennen. Und als

14 Vgl. Keen 1992, S. 60 ff. und 250 ff.

großer Überraschungsgast offenbart sich bei der Hochzeitsfeier schließlich auch sein Mentor als „König Eisenhans".

Somit können wir unsere Aufmerksamkeit auch noch dieser Figur des *Eisenhans* zuwenden. Wir treffen zu Beginn der Geschichte auf einen ungezähmten Wilden, der in seiner destruktiven Aggressivität alles vernichtet, was ihm in die Hände fällt. So werden zahlreiche Jäger und ihre Hunde zu seinen Opfern. Er erscheint, von Kopf bis Fuß behaart, als ein von allen gefürchtetes Monster – bis ein tapferer Jäger es mit ihm aufnimmt. Eine Verwünschung oder ein Bann hat ihn zu dem gemacht, was er ist: zum wilden Mann. Mehr erfahren wir zunächst nicht. In der Regel sprechen fremde Mächte oder andere Personen solche Verwünschungen aus. Es ist deshalb davon auszugehen, dass er nicht aus freien Stücken so bösartig auftritt, sondern dass dahinter eine andere, vielleicht traumatische Lebenserfahrung steckt.

Erst als der Teich, in dem er lebt – und der hier für das Unbewusste, für das tief im Menschen Verborgene, für die dunklen Seiten der Seele steht –, bis auf den Grund ausgeschöpft ist, kann das Wilde an ihm nach und nach gezähmt werden. Im Käfig eingesperrt muss er zunächst längere Zeit auf seine Freiheit warten. Die nähert sich dem wilden Mann in Gestalt des Knaben. Diese Begegnung erscheint symbolhaft wie eine Konfrontation mit dem eigenen „Inneren Kind". Daraufhin beginnt er, seine wilden Seiten einzuordnen und zugleich seine milden Seiten zu entdecken. Er übernimmt ab diesem Zeitpunkt Verantwortung für den Jungen, nimmt ihn mit sich und führt ihn in die Männerwelt ein. Er traut ihm Aufgaben zu und bleibt dabei großherzig und gutmütig – auch beim Versagen des Jungen. Mehr noch: Er schickt ihn hinaus in die Welt, mutet dem Knaben damit weitere – auch demütigende – Erfahrungen zu, verspricht ihm aber gleichzeitig jede Hilfe, wenn er ihn darum bittet. Der „wilde Mann" wird dadurch zum „Eisenhans" – und sein Name zum neuen Programm. Er wird zum Mentor und zur zweiten Vaterfigur für den Jüngling, der ja nach seiner Flucht aus dem Schloss seinen leiblichen Vater verloren hatte. Der Eisenhans beteiligt sich aktiv und freudig daran, die strahlenden, glanzvollen Seiten des Knaben weiter zu vergolden, ihn zum edlen Ritter zu entwickeln. Alles, was ihm durch seine Verwünschung zum wilden Mann selbst vorenthalten wurde, gönnt er nun dem Jungen. Auf diese Weise lehrt er den Knaben einen konstruktiven Umgang mit Wildheit und wird selbst von seinem Bann erlöst. Seine früher ungezähmte Wildheit verwandelt sich in eine Tugend und am Ende nimmt er selbst eine königliche Gestalt an.

Aspekte für die Biografiearbeit: Lebensthemen und Lebensfragen

Die Verwendung des Märchens vom Eisenhans in der Bildungsarbeit mit Erwachsenen – und insbesondere in der emanzipatorischen Männerarbeit – ist nicht neu. Bereits in der ersten Welle der Männerbewegung in den 1990er Jahren hat der amerikanische Autor Robert Bly mit seinem Buch „Eisenhans“[15] und der darin enthaltenen umfassenden Interpretation des Märchens zahlreiche Männer geprägt und viele Männergruppen zur Auseinandersetzung mit dem Stoff inspiriert. Der „wilde Mann“ kann ebenso gut und sinnvoll in die von C. G. Jung geprägte Archetypenlehre mit den häufig zitierten Protagonisten „König, Liebhaber, Magier und Krieger“[16] eingereiht werden. Im Eisenhans-Märchen übt sich der Knabe ja in all diesen weiteren archetypischen Rollen. Und wie bei allen Archetypen (seelischen Urbildern) gilt es auch beim „wilden Mann“, dessen destruktive Schattenseiten aufzudecken und zugleich die kraftvollen Seiten zum Strahlen zu bringen.

Für die biografische Arbeit mit Männern[17] eignet sich deshalb das Märchen bestens und es können sich in der Beschäftigung damit z. B. diese Fragen ergeben:

Junge-Sein, Erwachsenwerden, Männlichkeit

- Welche Beziehung habe ich zu meiner Mutter, was hat sie mir mitgegeben? Ab wann war mir klar, dass ich – anders als Mutter – ein männliches Wesen bin? Woran habe ich das gemerkt und wie bin ich damit umgegangen?
- Wie war meine Entwicklung vom Jungen zum Mann? In welchen Situationen habe ich mich besonders männlich gefühlt, in welchen eher kindlich? Wie ist das heute?
- Habe ich auf dem Weg zum Erwachsenen Schmerzen oder Verwundungen erfahren? Und wie haben mich diese Erfahrungen geprägt? Konnte ich sie „vergolden“?
- Wann, wo und unter welchen Bedingungen konnte ich meinen Charakter ausbilden, mehr und mehr erforschen, wer ich bin und was mich als Person ausmacht? Gibt es da besondere Erlebnisse aus der Schul- und Jugendzeit, aus der Berufsbildungsphase oder dem Kontakt zu Gleichaltrigen?

---

15 Vgl. Bly 1992.
16 Vgl. Leimbach 2010, S. 146 ff.
17 In den folgenden methodischen Vorschlägen haben wir deshalb bei diesem Märchen als Ausnahme lediglich die männliche Form der Ansprache gewählt.

- Welchen ermutigenden, stärkenden Zuspruch habe ich auf dem Weg zum Erwachsenen erfahren? Von wem?
- Wie habe ich meinen Vater erlebt? War er für mich da, wenn ich ihn brauchte? Hat er mich gelehrt, was Mann-Sein bedeutet? Oder war er für mich eher schwer erreichbar, oft abwesend?
- Welche (männlichen) Personen waren noch wichtig, damit ich als Junge meine geschlechtliche Identität entwickeln konnte und was haben mir diese Menschen mit auf meinen Weg gegeben?
- Wann wurde mir zum ersten Mal mein eigenes Geschlecht und meine sexuelle Orientierung bewusst? Und welche Erfahrungen habe ich dabei gemacht? Wie hat sich der Blick auf Frauen und auf Männer im Laufe der Zeit verändert?

Wildheit

- Habe ich in mir auch wilde Anteile entdecken dürfen? Wenn ja, wobei? Wer hat mich dazu ermutigt? Gab es bei mir wilde Anteile, mit denen ich bei anderen eher aneckte? Oder gab es Menschen, die eher versuchten, mir meine Wildheit „auszutreiben"? Wie erlebte ich das?
- Wo ist meine Wildheit heute noch spürbar? Wie und in welchen sozialen, politischen, ökologischen oder sonstigen Projekten oder welchem haupt- bzw. ehrenamtlichen Engagement kann ich diese gezähmte Wildheit positiv als Tugend einsetzen?
- Habe ich (wie der wilde Mann) „Verwünschungen" erleben müssen, also fremde Zuschreibungen, die mich in meiner gesunden Entwicklung eher behinderten? Konnte ich mich als Erwachsener von solchen unguten Zuschreibungen befreien?
- Väter von Kindern dürfen sich fragen: Welche Erfahrungen habe ich mit Söhnen, und welche mit Töchtern? Wie kann oder konnte ich sie in ihrer Entwicklung und auch geschlechtlichen Identität bisher begleiten? Wie bei der Kultivierung ihrer eigenen Wildheit fördern?[18]

18 Zum Weiterlesen für Väter mit jugendlichen Söhnen das Kapitel „Nacht des Feuers" in: Humbert et al. 2017. Hier wird ein Initiationsritual beschrieben, welches das Märchen vom Eisenhans ebenfalls als Vorlage nutzt. Weitere Information unter www.maenner-referat-freiburg.de

Impulse und kreative Ideen für die Biografiearbeit mit Gruppen

Thema „Junge-Sein – Erwachsenwerden – Männlichkeit"

Einführende Methode in Gruppenarbeit:
Textarbeit „Märchensätze und Fragen an die Märchenfiguren"
Im Raum werden zahlreiche ausgewählte, besonders markante Sätze aus dem Märchen – als ausgedruckte „Textschnipsel" ausgelegt *(► OM11).* Die Teilnehmer wählen je einen Satz aus, der sie besonders anspricht. Sie reflektieren in stiller Eigenarbeit ihren persönlichen Zugang zu diesem Text oder ihre Resonanz auf diese Zeilen. Und sie bekommen folgende Aufgabe: „Wenn Sie eine der beiden Märchen-Hauptfiguren – Königssohn oder Eisenhans – jetzt treffen und eine Frage stellen dürften: Wie lautet diese Frage? Was erhoffen (oder befürchten) Sie als Antwort darauf?"

Nach dieser Eigenarbeit trifft man sich im Plenum wieder. Dabei kann der jeweils ausgewählte Märchensatz vorgelesen und die Gedanken dazu geäußert werden. Zum anderen darf die imaginäre Frage an den Königssohn oder den Eisenhans und ggf. auch die erhoffte bzw. befürchtete Antwort darauf ausgesprochen werden.

OM11: Vorlage „Textschnipsel" © Kahlau

Abbildung 13: Markante Sätze aus dem Märchentext reizen zur individuellen Betrachtung: Welcher Satz, welches Wort spricht einen besonders an?

Vertiefende Methode in Einzelarbeit:
Kreativübung „Mein Weg vom Jungen zum Mann"

Dabei wird eine möglichst bunte Auswahl von Zeitschriften, Illustrierten, Werbekatalogen o. Ä. bereitgestellt. Am besten schon eine Vorauswahl mit ausgerissenen Seiten, auf denen viele Abbildungen von Menschen, Orten und Gegenständen zu sehen sind. Jeder Teilnehmer erhält zudem einen großen Malpapier-Bogen (ideal ist DIN A2). Dazu liegen für alle zugänglich zahlreiche Wachsmalstifte, Filzstifte, Scheren und Klebestifte bereit.

Es wird dazu angeleitet, sich von dem Collagematerial inspirieren zu lassen und seinen Weg vom Jungen zum Mann bildnerisch zu gestalten, in dem man Bildmotive, Schlagzeilen usw. ausschneidet, anordnet und auf den Malpapier-Bogen klebt. Gerne können auch stichwortartige Notizen (Lebensdaten, Ereignisse, Erlebnisse) hinzugefügt werden.

Wenn alle Teilnehmer ihre Collage fertig haben, werden Zweier-Teams gebildet und die Männer erzählen einander – unterstützt durch die gestalteten Collagen – von ihrem persönlichen Erfahrungsweg.

Methode zum Ausklang in Gruppenarbeit:
Körperübung „Tönen im Kreis"

Es handelt sich um ein Stärkungsritual, bei dem die Teilnehmer in besonderer Weise eine männliche Energie spüren. Die Männer stellen sich dafür im Kreis auf. Wenn es für alle möglich ist, legen sie sich dabei gegenseitig die Arme auf die Schultern und schließen die Augen. Ein Mann aus dem Kreis (oder der Leiter) beginnt einen Vokal zu summen und die anderen Männer stimmen nach und nach ein – jeder in seiner Tonlage und mit eigenem Vokal. Wobei die Vokale sich im Laufe des Tönens auch verändern dürfen. Nach etwa zwei bis fünf Minuten lassen die Teilnehmer das Tönen ausklingen. Die Augen werden behutsam wieder geöffnet, die Arme lösen sich von den Schultern, Die Männer verneigen sich voreinander und der Kreis wird schweigend aufgelöst.

Thema „Wildheit"

Einführende Methode in Gruppenarbeit:
Kreativübung „So sieht Wildheit aus"

Die Teilnehmer sitzen im Kreis. Der Übungsleiter hat in der Mitte Gegenstände und/oder Bildkarten ausgelegt. Gemeinsam ist diesen Objekten und/oder Bildern das Thema „Wildheit". An Gegenständen wären z. B. denkbar: Wurzelholzstück, Rockmusik-Plattencover, Bierflasche, Trommel, Axt, rauer Stein usw. An Bildern z. B. wilde Tiere, Urwald- und Unkrautfotos, Bilder vom Lagerfeuer, abstrakte, wilde Gemälde-Reproduktionen, wilde Naturlandschaften, Motorräder, Menschen mit wilden Haaren oder Bärten o. Ä.

Abbildung 14: Was ist für mich so richtig männlich-wild? Symbole helfen dabei, die eigenen Erfahrungen zur Sprache zu bringen

Jeder Teilnehmer wählt eines der Objekte oder Bilder aus. Der Reihe nach wird anschließend erzählt, warum man diese Wahl getroffen hat, was man mit dem Objekt oder Bild gedanklich verbindet oder woran es einen erinnert im Blick auf das eigene (möglicherweise wilde) Leben.

Vertiefende Methode in Einzelarbeit:
Outdoor-Übung „Wildnis-Zeit – Meine wilde Natur"

Die Teilnehmer verbringen längere Zeit allein im Wald (oder sonst in freier Natur). Dabei gehen sie der Frage nach: Was ist meine „wilde Natur", meine „wilde Seite"? Wie hat sie sich im Laufe des Lebens entwickelt oder verändert?

Unterwegs nehmen die Männer Kontakt mit der sie umgebenden Natur auf und suchen in Material, Form oder Farbe Naturgegenstände, in welchen sie stimmige Symbole für die eigenen wilden Seiten, Persönlichkeitsanteile oder Veränderungen entdecken. Diese Natursymbole werden mit in die Plenums-Runde gebracht. Hier werden die Wildnis-Zeit-Erfahrungen ausgetauscht, die mitgebrachten Symbole vorgestellt und in eine Mitte gelegt.

Methode zum Ausklang in Einzelarbeit:
Schreibübung „Meine Wildheit lebe ich heute…“

Es werden Notizzettel verteilt auf denen jeder Teilnehmer den (bereits vorgedruckten) Satz „Meine Wildheit lebe ich heute…“ spontan vervollständigt (► *OM12).*

Zu einer Leserunde stellen sich die Teilnehmer nun im Kreis um die mitgebrachten und in der Mitte liegenden Wildnis-Symbole auf und lesen einander die vervollständigten Sätze vor. Die Leitung kann daran anschließend und zum Abschied einen passenden, stärkenden Reisesegen sprechen.

OM12: Arbeitsblatt „Meine Wildheit lebe ich heute…“ © Kahlau

Fazit – Wozu uns das Märchen einlädt

Ein Märchen für Männer! Kann das überhaupt funktionieren? Sind Männer nicht viel zu nüchtern, um sich mit so einem „Kinderkram“ zu beschäftigen? Die Praxis zeigt: Männer reagieren vielleicht am Anfang etwas irritiert oder zögerlich, sie finden aber – wenn wir sie auf angemessene Art ansprechen – mehr und mehr Freude daran, in Märchen einzutauchen.

Besonders dann, wenn darin so spannende Prozesse beschrieben werden, wie im Märchen „Der Eisenhans“. Die Jüngeren entdecken im Königssohn eine Figur, der sie auf dem Weg vom Kind zum Mann folgen und diesen Weg dann mit dem ihrigen vergleichen können. Und sie können im Eisenhans einen Mann entdecken, wie sie ihn sich vielleicht als Vater gewünscht hätten. Aber ein Rückblick in die Kindheit und Jugendzeit tut auch den älteren Männern gut. Darüber hinaus können sie sich gut mit einem „wilden Mann“ identifizieren, der eine großartige zweite Chance bekommt, seine ungebändigte Wildheit zu transformieren und zum reifen Mentor zu werden.

Hans im Glück (Gebrüder Grimm)

Vom Auf und Ab des Lebens – vom Loslassen und Ankommen

Auf einen Blick

Themenschwerpunkte: Dem Glück auf der Spur, Sehnsüchte, Begehrlichkeiten und falsche Hoffnungen, Veränderungen gestalten – Krisen meistern, Menschen und Begegnungen, die mich prägten, Loslassen und bei sich ankommen

Praxisimpulse: „Hans, du bist für mich…“, „Was mich berührt“, „3-Minuten-Standpunkt“, „Der Weg zum Glück“

Das Märchen

Hans hatte seinem Arbeitgeber sieben Jahre gedient. Da sprach er: „Ich möchte gerne wieder heim zu meiner Mutter. Gebt mir bitte meinen Lohn.“ Der Meister bestätigte dem Hans, wie treu und ehrlich er ihm gedient habe, und gab ihm einen großen Klumpen Gold als Lohn. Damit machte sich Hans zufrieden auf den Weg.

Wenig später begegnete ihm ein Reiter. „Das Reiten ist eine feine Sache“, bemerkte Hans. Der Reiter fragte darauf: „Warum gehst du auch zu Fuß?“. „Ich muss ja wohl, denn ich habe einen Klumpen Gold heimzutragen, der mir auf die Schulter drückt“, erwiderte Hans. Da schlug ihm der Reiter einen Tausch vor: „Ich gebe dir mein Pferd, und du gibst mir deinen Klumpen.“ Und so geschah es. Froh ritt Hans davon. Doch bald dachte er, es könnte auch schneller gehen und trieb das Pferd an. Aber plötzlich wurde er abgeworfen und fiel in einen Graben. Beinahe wäre das Pferd durchgegangen, wenn nicht ein Bauer gekommen wäre, der es aufhielt.

Der Bauer war mit einer Kuh unterwegs. Da sprach Hans: „Bei dem Reiten kann man sich ja den Hals brechen! Mit eurer Kuh habt ihr es besser. Man kann hinterherlaufen und hat immer Milch, Butter und Käse!“. „Ja, lass uns doch tauschen“, schlug der Bauer vor und Hans willigte gerne ein. Als er mit der Kuh weiterzog, wurde die Hitze immer drückender und er bekam Durst. Nun wollte er seine Kuh melken – doch so sehr er sich bemühte, es kam kein Tropfen Milch. Stattdessen gab ihm die Kuh mit dem Hinterfuß einen Schlag vor den Kopf und Hans fiel zu Boden.

Da kam ein Metzger mit einem Schwein des Weges, der erkannte: „Deine Kuh ist wohl ein altes Tier. Es taugt höchstens noch zum Schlachten." Da Hans sich aber aus Kuhfleisch nichts machte, fragte er den Metzger, ob er nicht das Schwein gegen die Kuh tauschen wolle. Und sie wurden darüber einig. Glücklich über diesen Handel wanderte Hans weiter.

Sodann traf er einen Mann, der eine schöne weiße Gans bei sich trug. Hans erzählte dem Mann, wie er bisher immer so vorteilhaft getauscht hätte. Da sprach der Mann: „Im nächsten Dorf, durch das du kommst, ist eben ein Schwein gestohlen worden. Wenn man dich mit deinem Schwein erwischt, wird man dich für den Dieb halten und verprügeln!" Da bekam Hans Angst und bat den Mann um Hilfe: „Nehmt mein Schwein und gebt mir eure Gans", sagte er. Darauf ließ sich der Mann gerne ein. Mit der Gans unterm Arm ging Hans erleichtert weiter und stellte sich vor, welche Freude seine Mutter haben würde, wenn er mit dem Tier nach Hause käme.

Im letzten Dorf begegnete er einem Scherenschleifer und schaute ihm bei der Arbeit zu. Der Schleifer ließ sich nebenbei von den gelungenen Tauschgeschäften erzählen, lobte Hans dafür und sagte schließlich: „Willst du aber richtig viel Geld verdienen, so musst du ein Schleifer werden, wie ich. Ich schenke dir einen Wetzstein. Dafür musst du mir nur deine Gans geben!" Hans nahm den Stein des Schleifers und gab seine Gans im Tausch her. Doch bald drückte ihn der Stein und erschöpft legte er ihn auf einem Brunnenrand ab, um frisches Wasser zu trinken. Als er aber gerade den ersten Schluck nehmen wollte, stieß er an den Wetzstein und der plumpste hinab in den Brunnen.

Als Hans ihn mit seinen Augen in der Tiefe versinken sah, sprang er vor Freude auf, kniete nieder und dankte Gott, dass er ihn von dem schweren Steinen befreit hätte: „So glücklich wie ich", rief er aus, „gibt es keinen Menschen unter der Sonne." Frei von aller Last sprang er nun fort, bis er daheim bei seiner Mutter ankam.

Verborgene Motive – Worum geht's?

Mit dem Märchen vom „Hans im Glück" setzen uns die Gebrüder Grimm zunächst gekonnt einem „literarischen Vexierbild" aus. So, wie wir bei optischen Illusionen meist zuerst nur ein einziges Motiv sehen, ergeht es uns auch beim flüchtigen Lesen oder Hören der Geschichte vom Hans im Glück. Vor uns entsteht eine Figur, die man, oberflächlich betrachtet, getrost als naiven, einfältigen Dummkopf bezeichnen müsste: Ein junger Mann bricht – mit reichem Lohn beschenkt – auf zu neuen Ufern. Doch nach und nach verspielt er unterwegs alles, was er besitzt. Und am Ende steht er mit leeren Händen da. So wäre der Versuch einer Annäherung an diesen Hans schon beendet, bevor er recht begonnen hat. Und für biografische Reflexionen oder Charakterstudien gäbe diese Geschichte nicht wirklich viel Inspirierendes her.

Gestatten wir uns jedoch – wie beim Vexierbild – einen zweiten oder gar dritten Blick, sehen wir also nochmal genauer hin oder schauen mit etwas Abstand auf das Geschehen, dann eröffnet sich uns unerwartet eine ganz andere, neue Geschichte. Wir erkennen dann vielleicht einen durchaus interessanten jungen Burschen, der uns durch seinen Werdegang viel über das Leben erzählen will.

Gleich zu Beginn der Geschichte wird deutlich: Hier hat einer ein ausgezeichnetes Gespür dafür, wann im Leben Veränderungen anstehen. „Herr, meine Zeit ist herum“, spricht Hans selbstbewusst zu seinem Meister (Originalzitat). Und er hat auch ein klares Ziel vor Augen, nämlich sein Zuhause bei der Mutter. Sein Lehrherr bescheinigt ihm sieben Jahre guten Dienst und einen treuen, ehrlichen Charakter. Er belohnt ihn reichlich mit einem Klumpen Gold – in Märchen stets ein kraftvolles Symbol für materiellen Reichtum. Damit zieht Hans los. Wir können nun in der Folge beobachten, wie der Hauptfigur nach abgeschlossener Berufsausbildung auf dem weiteren Weg eine Lebens-Lehre nach der anderen erteilt wird. Insgesamt fünfmal begegnet Hans anderen Menschen, die jeweils etwas haben, was ihm gerade dringend zu fehlen scheint. Etwas, das ihn mehr anspricht als das, was er gerade selbst besitzt – oder was ihm sogar aus einer augenblicklichen Notlage heraushilft. Fünfmal tauscht er dabei seinen Besitz: Ein Reitpferd (der Inbegriff von Schnelligkeit) gegen seinen Goldklumpen, eine Kuh (das Symbol für Solidität und Bodenständigkeit) gegen das Pferd, ein Schwein (auch heute noch für Viele der Inbegriff einer reichhaltigen Mahlzeit und des puren Ess-Genusses) gegen die Kuh, eine weiße Gans (mit ihren weichen Federn und ihrem Fett das Symbol für Rücklagen und Vorsorge, denn Gänsefett konnte man gut konservieren und mit den Federn füllte man sein „Ruhekissen“) gegen das Schwein. Und schließlich gibt er noch die Gans gegen einen Wetzstein her (Scherenschleifer und ihre simplen Werkzeuge stehen für einen unbeschwerten Lebenswandel, für die Leichtigkeit des Seins).

Wir erleben mit dem Hans einen, der im Auf und Ab des Lebens überwiegend nicht lange mit dem Schicksal hadert, wenn es mal hart zuschlägt. Er ist einer, der sich stets zu helfen weiß, der zuversichtlich und beherzt zugreift, wo sich die Gelegenheit zum Weiterkommen anbietet. Heute würden wir von hoher Resilienz sprechen, über die Hans verfügt – über die Fähigkeit, emotionale und mentale Belastungen (Stress) zu überwinden, ohne dass anhaltende Beeinträchtigungen zurückbleiben.

Doch auch der Wetzstein, den er zuletzt noch mit sich schleppt, wird schwer und schwerer. Trotz allem bisherigen Glück und Geschick erfasst ihn jetzt – nach all dem Suchen und Sehnen, dem Treiben und Tun – eine große Erschöpfung, so etwas wie ein Burnout. Im Grunde ist er wieder am Beginn seiner Reise, als ihn schon der Goldklumpen auf die Schulter drückte. Was hat er eigentlich bis hierher gewonnen? Durstig kommt er an einen Brunnen, um sich zu laben. Behutsam setzt er den Stein am Brunnenrand ab, passt auf, dass er ja nicht hineinfällt. Aber genau das passiert schließlich und sein letzter Besitz ist aus Versehen für immer verloren!

Doch gerade jetzt, als Hans nichts mehr hat außer sich selbst, verzweifelt er nicht über sein vermeintliches Unglück. Als er ins bodenlose Nichts schaut – in das schwarze Loch des Brunnens –, wird aus dem Ver-Sehen, das ihm da geschah, ein Ver-Stehen. Als sich nämlich die Wogen im Wasser glätten, erblickt er in der Tiefe nicht nur seinen Stein. Glasklar erkennt er, außer seinem eigenen Spiegelbild, die ganze Lebenswahrheit: Es geht bei der Suche nach Glück gar nicht ums Haben – es geht um das Sein! Es geht nicht ums Festhalten, sondern um das Loslassen! Der Brunnen im Märchen wird ihm zum „Brunnen der Erkenntnis und Weisheit", zur Quelle des wahren Seins. Mit dieser „Erleuchtungserfahrung" ist Hans am Ende ganz bei sich angekommen. Aus dem Wunsch, heim zur Mutter zu gehen, ist eine In-sich-selbst-Beheimatung geworden. Er lebt von nun an mit und aus einer starken inneren Kraft, die ihm nicht mehr verloren geht. Eine Kraft und Erkenntnis, die er auch gegen nichts auf der Welt mehr eintauschen würde. Diese Stärke ist ihm zugewachsen im Laufe seiner Reise – auch und gerade durch manche schmerzhafte Lebenserfahrung. Und wir haben Hans möglicherweise nicht nur für ein paar Reisetage begleitet, sondern auf einem mehrjährigen Entwicklungsweg, auf dem er vom jungen Menschen zum Erwachsenen gereift ist.

Aspekte für die Biografiearbeit: Lebensthemen und Lebensfragen

In der Biografiearbeit ist die Suche nach Lebensglück und Zufriedenheit ein zentrales Thema. Der Austausch darüber, was für jeden einzelnen Menschen ein gelingendes Leben bedeuten kann und welche Erfahrungen wir als Individuen auf unseren Wegen gemacht haben, führt zu bereichernden Erkenntnissen. Trotz ganz unterschiedlicher Erfahrungen wird man wohl rasch darin übereinstimmen: Glückserleben und Glücksvorstellungen wandeln sich im Laufe eines Menschenlebens. Entlang des Märcheninhalts vom „Hans im Glück" können sich deshalb in jedem Alter oder jeder biografischen Phase immer wieder neu die folgenden Lebensthemen und Lebensfragen zeigen:

Dem Glück auf der Spur

- Was ist für mich Glück? Und wie hat sich meine Vorstellung davon im Laufe meines Lebens gewandelt?

- Sind Glück und Zufriedenheit für mich dasselbe?
- Welche Haltung habe ich zu Geld oder materiellem Besitz entwickelt? Inwieweit verbinde ich damit Glück?
- Was zählt für mich im Leben letztendlich? Welche Werte bedeuten mir sehr viel?

Sehnsüchte, Begehrlichkeiten und falsche Hoffnungen

- Welche Wünsche und Begehrlichkeiten gestalteten mein Leben mit? Und wie zufrieden war ich, als ich hatte, was ich mir sehnlichst wünschte?
- Wie lange hielt dieses Glück an?
- Wann oder wo habe ich mich von vermeintlichen Glücksversprechen verführen lassen?

Veränderungen gestalten – Krisen meistern

- Wie war das bei mir mit Veränderungswünschen? Habe ich stets bemerkt, wann die Zeit reif war für etwas Neues im Leben?
- Womit bin ich im Leben reich belohnt worden? Was ist mein „Gold“? Wer gab es mir? Was habe ich daraus gemacht?
- Kenne ich auch aus meinem Leben Ereignisse, die mein ganzes Glück, ja meine ganze Existenz infrage stellten? Was ist mir da widerfahren?
- Wie bin ich mit Krisen, Rückschlägen und Erfahrungen des Scheiterns umgegangen? Wie habe ich solche Situationen bewältigt? Was an Erfahrung daraus mitgenommen?
- Welche innere Kraft (Resilienz) steht mir aus meiner ganzen bisherigen Lebensreise heute als Ressource in guten wie in schlechten Zeiten zur Verfügung?

Menschen und Begegnungen, die mich prägten

- Welche Menschen haben meine Ansicht von Glück geprägt? Was war ihnen wichtig? Was habe ich von diesen Menschen übernommen und was abgelehnt?
- In welchen Begegnungen und Erlebnissen mit Menschen war ich besonders glücklich?
- Wer oder was hat mir zu neuem Glück verholfen? Bei welchen Gelegenheiten konnte ich das Glück beim Schopfe packen und meinem Leben eine neue Wendung geben?

Loslassen und bei sich ankommen

- Wie gut kann ich mich von Dingen, Vorstellungen und Konzepten lösen, sie loslassen?
- Zuhause sein, bei mir ankommen, mit mir im Frieden sein, Eins-Sein mit Gott und der Welt: Was sagen mir solche Worte?

Impulse und kreative Ideen für die Biografiearbeit

Einführende Methode in Gruppenarbeit: Brainstorming „Hans, du bist für mich…“

Da die Hauptfigur in ihrem Charakter durchaus mehrdimensional gedeutet werden kann sind erste spontane Reaktionen der Teilnehmer*innen spannend, um das Ganze – evtl. auch widersprüchliche – Spektrum der Person des Hans und die unterschiedlichen Sichtweisen auf ihn zu erfassen. Dies kann erfolgen durch spontanen Zuruf einer Satzergänzung zu: „Hans, du bist für mich…“ (z. B. ein Träumer, Verlierertyp, Glückspilz, Lebenskünstler…). Der Satzanfang steht bereits auf einem Flipchart-Bogen und die genannten Begriffe werden dann darauf ergänzt.

Die Teilnehmer*innen können nach diesem Einstieg zu einem neuen, erweiterten Blick auf die Geschehnisse der Geschichte hingeführt werden. Hier kann man als Kurzimpuls – und gewissermaßen als Reibungsfläche – eine Interpretation anbieten, wie sie z. B. oben unter „Verborgene Motive – Worum geht's?“ dargelegt wird. Dabei ist jedoch wichtig zu erläutern, dass auch diese Annäherung lediglich ein Versuch ist und keinen Anspruch auf Allgemeingültigkeit erhebt. Es mag auch ganz andere Deutungen geben. Als methodische Variante dazu können die Gruppenmitglieder zunächst in Eigenarbeit ihre Ideen, Gedanken auf ein Kärtchen notieren. Dann werden nacheinander die Karteninhalte vorgestellt und die Karten an einer Metaplanwand angepinnt.

Vertiefende Methode in Gruppenarbeit: Textarbeit „Was mich berührt“

In drei Kleingruppen entdecken die Teilnehmer*innen im Märchentext eigene Lebensfragen und Lebensthemen. Diese Methode setzt ausreichend Zeit voraus. Und es ist dafür hilfreich, den Märchentext (am besten im Grimm-Original) in drei Abschnitte zu zerteilen und jeder Kleingruppe den jeweiligen Textausschnitt als Kopie mitzugeben. Gruppe A bekommt den Märchen-Anfang (bis der Hans seinen Herrn verlässt und sich auf den Weg macht). Gruppe B erhält den Märchen-Mittelteil (umfasst alle Tauschvorgänge einschließlich der Übernahme des Wetzsteins). Und Gruppe C nimmt sich den Märchen-Schluss vor (mit der Szene, in der Hans durstig zum Brunnen gelangt und wie es ihm dort am Ende ergeht). Zwar erscheint Gruppe B aufgrund der Textlänge zunächst benachteiligt. Dies wird aber dadurch ausgeglichen, dass die Tauschszenen immer nach ähnlichem Muster ablaufen. Es kann deshalb vorrangig dieses Muster erforscht werden, ohne sich im Detail zu verlieren.

Die Aufgabe für alle drei Gruppen ist, alle im Textabschnitt angesprochenen Handlungen bzw. Dialoge auf auch heute noch aktuelle Lebensthemen hin zu untersuchen und diese auf einem Flipchart-Bogen zu protokollieren, um sie im Anschluss im Plenum (in chronologischer Abfolge des Märchens) vorzustellen. Daran schließt sich ein Austausch über die zusammengetragenen Fragen und Themen an. Impulsfrage dazu: „Welche der Aspekte sprechen mich besonders an, wecken mein Interesse oder beschäftigen mich gerade?"

Vertiefende Methode in Gruppenarbeit: Speed-Dating „3-Minuten-Standpunkt"

Die Methode „Speed-Dating" eignet sich besonders bei enger gefasstem Zeitrahmen. Anhand einer Auswahl von Fragen (alle Fragen wären sicher zu viel!) aus dem Abschnitt „Aspekte für die Biografiearbeit: Lebensthemen und Lebensfragen"[19] kann ein Speed-Dating angeleitet werden. Hier haben immer zwei sich gegenübersitzende Gesprächspartner*innen maximal drei Minuten Zeit, sich über die jeweils vorgelesenen Fragestellungen auszutauschen. Danach wechseln die Gesprächspartner und eine neue Frage wird vorgetragen.

Abbildung 15: Die Zeit läuft: In drei Minuten etwas auf den Punkt bringen – so läuft das bei einem Speed-Dating

19 Mögliche thematische Erweiterungen: Ein Exkurs zum Thema Resilienz-Faktoren mit dem Fokus auf der Fragestellung: Was macht mich als Mensch so stark, dass ich (wie der Hans im Märchen) emotionale und mentale Belastungen im Leben immer wieder und ohne anhaltende Beeinträchtigungen bewältigen kann?

Auch die Beschäftigung mit den „5 Säulen der Identität" (nach H. Petzold) kann bereichernd sein. Im Zentrum steht hier die Frage nach der Identitätsbildung des Menschen und den Faktoren, die uns bei gesunder Persönlichkeitsentwicklung zu einer gereiften Identität verhelfen.

Abbildung 16: Das Würfelspiel „Der Weg zum Glück“ – ein entspannter Zugang zum Märchen und Thema

Methode zum Ausklang in Gruppenarbeit:
Würfelspiel „Der Weg zum Glück!“

Das Würfelspiel greift allgemein das Thema „Glück“ auf. Es wurde von uns entwickelt für maximal vier Mitspieler*innen (pro Spielbrett). Bei größeren Gruppen wird die notwendige Ausstattung entsprechend mehrfach hergestellt.

Das Spiel eignet sich sehr gut als niederschwelliges Angebot z. B. in Seniorengruppen, wenn man dort das Märchen vom Hans im Glück behandelt. Es ist aber auch gut verwendbar in anderen Gruppen- oder Einzelsettings, wenn man bereits einige Zeit sehr tiefgehend mit dem Märchen „Hans im Glück“ gearbeitet hat und nun – z. B. als Abschluss – noch etwas Entspannendes anbieten möchte. Wir empfehlen, das Spiel an Tischen zu spielen.

Das Besondere des Spiels ist, dass die Teilnehmer*innen anhand von Glückskarten nebenbei noch einige interessante Zitate von berühmten Persönlichkeiten rund um das Thema „Glück“ kennenlernen und sich darüber austauschen können.

Genaue Spielanleitung, Druckvorlage für das Spielbrett und Vorlagen für die Vorder- und Rückseiten der Glückskarten mit den Zitaten, siehe: ► OM13 bis OM17. Zusätzlich benötigt man nur noch die je Spielbrett erforderliche Anzahl von üblichen Spielfiguren und einen Würfel.

OM13–17: Vorlagen Würfelspiel „Der Weg zum Glück“ © Kahlau

Fazit – Wozu uns das Märchen einlädt

Die Suche nach dem Glück: Kaum ein anderes Thema ist per se biografischer als dieses. Denn schließlich suchen wir alle immer wieder neu nach dem gelingenden Leben. „Hans im Glück" ist einerseits ein ganz typisches „Glücks-Märchen" – und doch ist es ganz anders und fordert uns heraus. Es gibt uns tiefe Einblicke in das Auf und Ab der Hauptfigur. Glück und Pech, Verlangen, Erfüllung und Ernüchterung tauchen den Märchen-Hans (und uns beim Lesen ebenfalls) in ein Wechselbad der Gefühle. Am Ende darf man feststellen, dass es sich um eine echte Weisheitsgeschichte handelt. Denn sie erzählt vor allem vom Loslassen und davon, wie wir ganz bei uns ankommen können. Dabei wird kaum etwas Menschliches ausgelassen: Es geht um Wünsche und Begehrlichkeiten, um den Neuaufbruch und um Sehnsuchtsziele, um das Fallen und Wieder-Aufstehen, um Gewinn und Verlust. Auch der „kairos" – das intuitive Wissen um den richtigen Augenblick, das Glück beim Schopfe zu packen, wird thematisiert.

Hänsel und Gretel (Gebrüder Grimm)

Von Wahrhaftigkeit, Zuversicht und Selbstwirksamkeit

Auf einen Blick

Themenschwerpunkte: Verlogenheit und Wahrhaftigkeit, Angst und Zuversicht in Geschwisterkonstellationen, Selbstwirksamkeit statt Opferrolle

Praxisimpulse: „Kieselsteine beschriften", „Mein Blick aufs Märchen", „Meine Erfahrungen mit Wahrhaftigkeit, Zuversicht und Selbstwirksamkeit", „Brief an den Angsthasen", „Mut-Hut"

Das Märchen

Ein sehr armer Holzhacker lebte mit seiner Frau und seinen beiden Kindern vor einem großen Wald. Der Sohn hieß Hänsel und die Tochter Gretel. Die Frau aber war die Stiefmutter der beiden Kinder und sagte eines Tages zu ihrem Mann: „Morgen setzen wir die Kinder im Wald aus, denn wir haben nicht mehr genug zu essen für alle. Allein werden sie aus dem Wald nicht herausfinden und wir sind sie los!" Zwar versuchte der unglückliche Vater, sich gegen diesen herzlosen Plan zu wehren, doch die Frau ließ ihm keine Ruhe, bis er in seiner Not schließlich einwilligte.

Die Kinder jedoch hatten das Gespräch der Erwachsenen belauscht. Gretel bekam große Angst und begann zu weinen. Doch ihr Bruder beruhigte sie und fasste einen Plan. Noch in der Nacht steckte er viele weiße Kieselsteine in seine Taschen.

Und nach dem Aufbruch am nächsten Morgen ließ Hänsel auf dem Weg in den Wald immer wieder heimlich einen der Steine fallen. Und tatsächlich fanden die im fremden Tann unter einem Vorwand zurückgelassenen Kinder später in der Nacht – dank der weißen Steine, die im Mondlicht leuchteten – den Weg zurück ins Elternhaus. Die Stiefmutter war darüber sehr erbost und verlangte ein zweites Mal, die Kinder im Wald auszusetzen. Wieder beugte sich der Vater dem Willen seiner Frau.

Diesmal aber streute Hänsel am Morgen beim Losgehen Krümel vom Brot aus, welches er als Wegzehrung mitbekommen hatte. Denn es war ihm, da nachts die Türe verschlossen war, nicht mehr möglich gewesen, erneut Steine zu sammeln. Mit den Brotkrumen hoffte er dennoch, erneut den Rückweg zu finden. Die Kinder wurden dieses Mal noch tiefer in den Wald geführt und dort wieder zurückgelassen. Sie warteten vergeblich auf die Rückkehr der Eltern vom Holzsammeln und schliefen schließlich ein. Erst mitten in der finsteren Nacht erwachten Bruder und Schwester und wollten sich wieder auf den Heimweg machen. Aber, was war geschehen? Die Brotkrümel, die Hänsel ausgestreut hatte, waren alle verschwunden. Die Vögel hatten sie aufgepickt! Die Kinder suchten noch die ganze Nacht und einen weiteren Tag vergeblich nach dem richtigen Heimweg. In dem unbekannten Wald führte sie schließlich ein schönes, schneeweißes Vögelchen zu einem kleinen Haus, welches aus Brot gebaut und mit Kuchen gedeckt war. Die Fenster aber waren aus Zucker gemacht. Da brachen sich Hänsel und Gretel, die vom Suchen ganz hungrig geworden waren, rasch etwas von dem süßen Backwerk ab und labten sich daran.

Plötzlich hörten sie eine Stimme rufen: „Knusper, knusper, knäuschen, wer knuspert an meinem Häuschen?". Und es erschien eine steinalte Frau an der Tür, die sich auf eine Krücke stützte. Sie lockte die Kinder ins Haus und verwöhnte sie zuerst mit gutem Essen und Trinken. Doch die Alte hatte nur freundlich getan, denn bald darauf wurde Hänsel von ihr in einen Käfig gesperrt und Gretel musste jeden Tag für ihn kochen. Die Frau war nämlich eine böse Hexe und wollte Hänsel erst mästen, um ihn dann zu schlachten. Deshalb ging sie jeden Tag zu Hänsel, um zu sehen, ob er bereits schön fett geworden sei. Doch statt seines Fingers hielt er ihr ein Knöchlein hin. Da die Alte schlecht sah, bemerkte sie das nicht.

Eines Tages aber wollte die Hexe nicht länger warten, heizte den Backofen ein und befahl der Gretel, sie solle in den Ofen kriechen, um zu schauen, ob er schon richtig brenne. Gretel stellte sich aber dumm und fragte, wie sie das denn machen solle? Sie bat die alte Frau, es ihr doch einmal zu zeigen. Da beugte sich die Hexe vor und steckte ihren Kopf ganz weit in die offene Luke hinein. Gretel aber zögerte keinen Moment: Sie gab der Alten einen ordentlichen Stoß und verriegelte rasch die Ofentür. Elendiglich musste die Hexe verbrennen!

Erleichtert befreite Gretel nun ihren Bruder Hänsel aus seinem Käfig. Im Haus der Hexe fanden die Beiden schließlich viele Kisten voller Perlen und Edelsteine. Die Taschen vollgestopft mit diesen Schätzen suchten und fanden Hänsel und Gretel – auch dank eines hilfreichen Entchens, welches sie über ein großes Wasser brachte – den Heimweg und kehrten bald zurück zu ihrem Vater. Der hatte, nachdem er die Kinder im Wald gelassen hatte, keine frohe Stunde mehr gehabt. Umso mehr war er nun erleichtert über ihre glückliche Rückkehr. Die Stiefmutter aber war inzwischen gestorben. Dank der mitgebrachten Schätze mussten die drei ab jetzt nie mehr in Armut leben und sie blieben in lauter Freude zusammen.

Verborgene Motive – Worum geht's?

„Hänsel und Gretel" ist eines der bekanntesten Märchen aus der Sammlung der Gebrüder Grimm. Ein auf Anhieb erkennbares Motiv darin ist das Verhältnis zwischen Kindern und Eltern bzw. Erwachsenen. Und man kann – ähnlich wie in der biblischen David-Goliath-Erzählung – mit Befriedigung wahrnehmen, dass die „Kleinen" nicht automatisch das Nachsehen haben müssen.

Im Märchen „Hänsel und Gretel" werden die Erwachsenen entweder als willensschwache oder als herzlose bzw. durchtriebene Personen dargestellt. Und die Kinder sind zwar zunächst unschuldige Opfer des Handelns der Erwachsenen, verwandeln jedoch bald ihre vermeintlichen Schwächen zu klaren Stärken. Sie sind kreativ, mutig und in der Lage, gut zu kooperieren, wodurch sie sich aus scheinbar aussichtsloser Lage befreien können.

Wenden wir unsere Aufmerksamkeit zunächst dem bedauernswerten *Holzhacker* (dem Vater) zu – einem zwar gefühlvollen, aber eben auch schwachen, willenlosen und leicht manipulierbaren Mann. Er kann es einerseits kaum übers Herz bringen, seine Kinder im Wald auszusetzen – doch andererseits gibt er letztendlich klein bei und beugt sich gleich zweimal dem Willen seiner Frau, der Stiefmutter der Kinder. Damit ist er das Gegenbild einer starken, treusorgenden Vaterfigur, die bereit ist, zum Wohl der Kinder alles zu geben und notfalls auch gegen den Willen seiner Frau für sie einzustehen.

Die *Stiefmutter* hingegen erscheint gefühlskalt, manipulierend, machtbewusst, verlogen und egoistisch. Um ihr eigenes Überleben zu sichern, ist sie bereit, ihre Stiefkinder hinterlistig in den Hungertod zu schicken. Damit widerspricht ihr Handeln jeglicher Vorstellung von einer fürsorglichen Mutterliebe und Zuwendung Schutzbefohlenen gegenüber.

Der Junge *Hänsel* wird im Märchen als der „große Bruder" dargestellt (obwohl nicht ausdrücklich erklärt wird, dass er älter als seine Schwester Gretel ist). Er bleibt stets zuversichtlich, aktiv und verhält sich Gretel gegenüber fürsorglich. Zudem ist er ideenreich, ja geradezu ein cleverer Bursche. Bei ihm kann man gut beobachten, was eine gut ausgebildete Resilienz (Widerstandskraft) kennzeichnet: Unerschütterlichen Optimismus, Akzeptanz der Situation, Lösungsorientierung und bewusstes Verlassen der Opferrolle.

Das Mädchen *Gretel* wirkt anfangs ängstlich, mut- und hilflos. Ihr Verlassenheitsgefühl macht sie in den ersten Szenen handlungsunfähig. Der „große Bruder" übernimmt ja auch bereitwillig den tatkräftigen, aktiven Part. Ihre eigene Selbstwirksamkeit und Kompetenz entdeckt sie erst, als sie ganz auf sich allein gestellt ist und nicht mehr anders kann als ins Handeln zu kommen. Geradezu raffiniert bringt sie die Hexe dazu, dass diese ihren Kopf in den Backofen steckt, und zögert dann keinen Augenblick, der Alten den entscheidenden Todesstoß zu geben. Diese mutige Tat schließlich ist im Märchen der wichtigste Wendepunkt zur Befreiung der Kinder. Und liest man im Originaltext weiter, so leuchtet bei Gretel bald noch eine Sensibilität für und eine Verbundenheit mit den Wesen der Natur auf, welche für die weiteren Geschehnisse ebenfalls nicht unbedeutend sind. Sie war es nämlich, die – als Hänsel zum ersten Mal keinen Rat mehr wusste – Kontakt zu der weißen Ente aufnimmt, welche die Kinder am Märchenende über das große Wasser – das letzte Hindernis auf ihrem Heimweg – trägt.

Die Geschwister sind einander herzlich verbunden und unterstützen sich gegenseitig – jedes mit seinen eigenen Begabungen und Fähigkeiten. Sie erkennen: Ob klein oder groß, ob Mädchen oder Junge, zusammen sind wir stark, sogar gegen böswillige Erwachsene und in der größten Not!

Die alte Frau in ihrem verführerischen Hexenhaus steht im Bunde mit den dunklen Mächten im undurchdringlichen Wald. Die *Hexe* wird als Synonym für alles Böse, für durchtriebene Hinterlist, für Gefahr, Tod und Verderben dargestellt. Schon Kinder machen die Erfahrung: Ja, diese dunklen Kräfte gibt es in der Welt und man muss sich vor ihnen hüten – auch wenn die Nähe zu ihnen sich manchmal als süße Versuchung zeigt.

Auffällig ist, dass sowohl die gemeine Hexe als auch die hartherzige Stiefmutter sterben müssen – alles Böse wird also gerecht bestraft. Das Sprichwort „Lügen haben kurze Beine" greift, während Zuversicht und Mut am Ende stets reich belohnt werden!

Aspekte für die Biografiearbeit: Lebensthemen und Lebensfragen

Beim biografischen Arbeiten scheint „Hänsel und Gretel" als Märchen auf den ersten Blick hauptsächlich für Menschen mit Geschwistern von Relevanz zu sein. Auf den zweiten Blick gibt es jedoch zahlreiche Aspekte jenseits der Geschwisterbeziehung.

Verlogenheit und Wahrhaftigkeit

Es geht im Märchen von Hänsel und Gretel immer wieder um Lug und Betrug, um Täuschung und Hinterlist. Dabei wird offensichtlich unterschieden zwischen einer schändlichen Lüge und einer Notlüge, zwischen böser Absicht und der cleveren Täuschung. Wenn z. B. die Eltern unter einem Vorwand und mit falschen Versprechungen ihre Kinder im Wald aussetzen, um zwei „hungrige Mäuler" loszuwerden wird dies als hinterlistige Tat bewertet. Wenn aber Hänsel nach Tagen im Käfig der Hexe, zur Täuschung statt seines „gemästeten" Fingers ein mageres Knöchelchen hinhält, erkennen wir darin eine zulässige Cleverness, die geschickt eingesetzt wird. Ebenso in der Szene, als Gretel – plötzlich kein bisschen mehr das naive Mädchen – die Hexe listig dazu bringt, ihren Kopf tief in den Ofen zu stecken, um sie dann mit einem Stoß endgültig loszuwerden.

Für die Biografiearbeit stellen sich im Blick auf Verlogenheit und Wahrhaftigkeit folgende Fragen:

- Welche Erfahrungen habe ich mit Falschheit und Wahrheit, mit Betrug und Ehrlichkeit in meinem Lebenslauf gemacht? Zu welchen Werten hat mich das geführt? Wie verstehe ich heute Wahrhaftigkeit, wie gemeine Täuschung?
- Welche Erwachsenen habe mich in Kindheit und Jugend gelehrt, was Recht und Unrecht ist, und welche Mittel zum eigenen Schutz erlaubt sein können? Vor welchem vielleicht religiösen oder ethischen Hintergrund erfolgte meine Erziehung? Helfen mir heute diese erlernten Werte noch oder stehen sie mir manchmal bei der Lebensbewältigung vielleicht sogar im Wege?
- Kenne ich Situationen aus meinem Leben, in denen mir das Schweigen oder auch die Notlüge gerechtfertigt erschien, weil die reine Wahrheit vielleicht zu hart war oder gar mehr zerstört als befriedet hätte?

Angst und Zuversicht in Geschwisterkonstellationen

Die Protagonistin Gretel wird – zumindest am Anfang des Märchens – als ängstlich dargestellt. Sie weint schnell, fühlt sich rasch bedroht und verloren. Ihr Bruder Hänsel dagegen verliert seine Zuversicht auch in der größten Bedrängung fast nie und hat meist eine Idee zur Rettung. Die Geschwisterkonstellation wird hier klassisch und aus heutiger Sicht durchaus stereotyp definiert: Kleines, ängstliches Mädchen und großer, pfiffiger, mutiger Junge. Diese Zuschreibungen werfen Fragen nach den eigenen Lebenserfahrungen auf:

- Wie habe ich mich selbst als Kind (ob als Junge oder Mädchen) erlebt: eher ängstlich, zögerlich, hilflos, eingeschüchtert und meist passiv? Oder eher mutig, tapfer, kreativ und meist aktiv handelnd?
- Was wurde mir von der Erwachsenenwelt gespiegelt, z. B.: „Du Heulsuse“, „Sei tapfer – ein Junge weint nicht!“, „Du bist wohl ein kleiner Angsthase?“, „Nun mach schon – da ist doch nichts dabei!“ – Oder ganz andere Zuschreibungen?
- Wie waren, wenn ich Geschwister (auch Stiefgeschwister) habe, die Rollen und Charaktere in der Kindheit verteilt? War ich große Schwester oder großer Bruder? Oder immer der oder die Kleine? Oder der bzw. die Mittlere (mit evtl. ganz eigenen Vor- und Nachteilen)? Wie hat sich das ausgewirkt?

- Wie hat diese Geschwisterrolle meinen Charakter geprägt? Und wie hat sich das vielleicht im Laufe des Lebens verändert? Was musste ich dabei neu lernen, was aufgeben?

Selbstwirksamkeit statt Opferrolle

Der Kontrast zu Beginn des Märchens zwischen Hänsel und Gretel in ihren jeweiligen Krisenbewältigungsmustern macht eines sehr deutlich: Es ist ein großer Unterschied, ob ich mich selbst klein, erniedrigt und in der Opferrolle sehe (wie Gretel zunächst), oder ob ich optimistisch bleibe und mich auch in schwieriger Situation als handelnde Person erlebe – wie Hänsel, der weniger auf die Probleme schaut und stattdessen mehr nach Lösungen sucht. Daraus ergeben sich weitere biografische Fragen:

- Habe ich in Kindheit oder Erwachsenenalter die Erfahrung von Hoffnungs- und Wehrlosigkeit gegenüber übermächtig empfundenen Kräften oder gegenüber ihre Macht missbrauchende Personen gemacht? An welche Situationen erinnere ich mich und mit welchen Gefühlen?
- Konnte ich mich schließlich aus dieser Ohnmacht und Opferposition befreien? Wer oder was gab mir den Mut und die Kraft dazu? Wie hat diese Erfahrung mein Leben verändert?
- Welche in mir liegende Kraft musste ich erst entdecken, um zu lernen, dass ich aus mir selbst heraus eine eigene Wirkmächtigkeit besitze und damit für mich günstigere Umstände schaffen kann? Was bedeutet diese Entdeckung für ähnliche Situationen, die mir vielleicht auch in Zukunft nicht erspart bleiben werden?

Impulse und kreative Ideen für die Biografiearbeit

Einführende Methode in Einzelarbeit:
Kreativübung „Kieselsteine beschriften"

Die Kinder Hänsel und Gretel streuen beim Gang in den Wald helle Kieselsteine aus, damit sie im Mondschein ihren Heimweg sicher finden. In Anlehnung daran werden weiße, möglichst glatte Steine in der Raummitte ausgelegt. Dazu Filzstifte, mit denen diese Steine beschriftet werden können. Unmittelbar nach dem Vorlesen des Märchens (in Original- oder Kurzfassung) haben die Teilnehmer*innen die Möglichkeit, sich einen oder mehrere der Kieselsteine und einen Stift zu nehmen. Nun können sie sich Fragen ausdenken, welche sie gerne an einen/eine der Protagonist*innen des Märchens (Holzhacker-Vater, Stiefmutter, Hänsel, Gretel oder Hexe) richten würden. Die Steine werden nach der Beschriftung wieder in die Mitte zurückgelegt. Alle Teilnehmer*innen dürfen sich nun sämtliche Frage-Steine anschauen

Abbildung 17: Beim Zugang zum Märchen helfen uns die Kieselsteine, die der Märchen-Hans als Wegmarken ausgestreut hat. Ob wohl auch uns die Steine einen Weg zur Beantwortung unserer Fragen zum Märchengeschehen weisen können?

und sich entscheiden, welcher Frage (man sollte sich für eine entscheiden) sie nachgehen wollen. Es darf auch die selbst formulierte Frage sein. Sie nehmen sich dann den jeweiligen Stein und suchen sich für einen Austausch eine*n Gesprächspartner*in. In diesen Zweier-Teams werden die Fragen erörtert und nach möglichen oder fiktiven Antworten gesucht. Gerne darf der ausgewählte Stein als Erinnerung an diese Übung behalten werden.

Vertiefende Methode in Gruppenarbeit: Austausch „Mein Blick aufs Märchen“

Da wir drei Aspekte (s. o.) aus dem Märchen herausgefiltert haben, kann man – nach angemessener inhaltlicher Einführung – drei Kleingruppen bilden. Als Entscheidungshilfe werden die drei Aspekte auf Flipchart notiert:

- Gruppe A: Verlogenheit und Wahrhaftigkeit
- Gruppe B: Angst und Zuversicht in Geschwisterkonstellationen
- Gruppe C: Selbstwirksamkeit statt Opferrolle

Die Teilnehmer*innen können sich dann nach eigenem Interesse einen der Aspekte auswählen und in der jeweiligen Kleingruppe mit anderen vertiefen bzw. sich über ihre persönlichen Erfahrungen zu den im Märchen aufscheinenden Themen austauschen. Die oben unter „Aspekte für die Biografiearbeit: Lebensthemen und Lebensfragen“ aufgeführten Fragestellungen können als Leitlinien für das Gespräch herangezogen werden.

Vertiefende Methode im Zweier-Team: Geh-Spräch „Meine Erfahrungen mit Wahrhaftigkeit, Zuversicht und Selbstwirksamkeit“[20]

Weil zu den oben genannten Aspekten möglicherweise recht persönliche Erlebnisse aus der Erinnerung geholt werden, kann es alternativ zu den Kleingruppen günstig sein, sich gegenseitig in einem Zweier-Gespräch (oder Geh-Spräch, also im Spazierengehen) davon zu erzählen, welcher der Aspekte noch nachklingt. Hier ist besonders wertschätzendes, mitfühlendes Zuhören gefragt. Aus den Zwiegesprächen können die Teilnehmer*innen jeweils einen wichtigen Impuls, den sie erhalten haben, oder eine Erkenntnis, die ihnen wichtig wurde, ins Plenum einbringen. Diese Impulse werden auf einem Flipchart notiert.

Vertiefende Methode in Einzelarbeit: Schreibübung „Brief an den Angsthasen“

Wie beschrieben, können uns Zuschreibungen und Einreden von Erwachsenen, welche wir als Kind oft hören mussten, selbst als Erwachsene noch in unserem Selbstwert schwächen. Ein möglicher Weg zur Befreiung von solchen schwächenden Zuschreibungen ist es, einen Brief an den „Angsthasen“, die „Heulsuse“, den „wehleidigen Indianer“ (oder was auch immer die kränkende Aussage war) aus heutiger Sicht als Erwachsener zu schreiben. Das Ziel: die Wertschätzung der von Erwachsenen einst negativ bewerteten kindlichen Anteile zum Ausdruck bringen; den Ängsten und Schmerzen oder auch der Trauer Raum geben; das „Innere Kind“ trösten und beschützen.

Abschließende Methode in Gruppenarbeit: Spiel „Mut-Hut“

Diese Methode eignet sich gut als Abschluss-Spiel: Hänsel und Gretel sprechen sich immer wieder Mut zu. Die Teilnehmenden schreiben deshalb einen ermutigenden Satz (der für einen selbst mal hilfreich war) auf ein Kärtchen – und zwar in Du-Form (also als Satz, der mit „Du“ oder „Dich“ beginnt). Alle

20 Besonders in kirchlichen Gruppen bietet sich auch die Erforschung der religiös-ethischen Erziehung an sowie ein Austausch darüber, wer uns wie geprägt hat. Welche Botschaften und Glaubenssätze haben wir als Kinder mit auf den Weg bekommen und wie haben diese Sätze sich auf unserem weiteren Lebensweg ausgewirkt? Hat uns z. B. unsere christliche Erziehung eher ängstlich sein lassen oder hat sie unsere Zuversicht ins Leben gestärkt? Fühlten wir uns erwachsenen Autoritäten gegenüber häufiger hilflos und klein – oder konnten wir uns an ihnen und durch sie zu selbstbewussten Menschen entwickeln? Wie sehen wir das heute?

Abbildung 18: Einander Mut machen – das tut gut: Aus dem Mut-Hut zieht man einen Zuspruch, den man weiterschenken kann

beschrifteten Kärtchen werden in einen Hut geworfen und gut gemischt. Nacheinander ziehen die Teilnehmer*innen eines der Kärtchen und lesen nun jeweils ihrem rechten Sitznachbarn/ihrer rechten Sitznachbarin den gezogenen Mut-Zuspruch vor (am besten mit vorausgehender Nennung des Vornamens („Teresa, Du…“ bzw. „Dich…“). Der/die Empfänger*in bedankt sich für die Ermutigung und macht im Spiel mit dem/der rechten Sitznachbar*in weiter.

Fazit – Wozu uns das Märchen einlädt

Der „Hort der Familie“ ist idealerweise unser erstes Erfahrungs- und Erprobungsfeld für unser weiteres Verhalten in anderen, auch späteren, sozialen Bezügen. Immer wieder sind wir aufgerufen, unseren Platz in unterschiedlichsten Systemen zu finden und auszufüllen. Welche Erfahrungen wir auf unserem Lebensweg vom Kind zum/zur Erwachsenen - ob mit Geschwistern oder als Einzelkind - auch machen, sie bestimmen unser Denken und Handeln im weiteren Leben mit.

Da sich Hänsel und Gretel besonders deutlich darin unterscheiden, wer hier den eher ängstlichen, passiven Part spielt und wer den eher aktiven und zuversichtlichen, bieten sich gerade diese beiden Aspekte für eine biografische Betrachtung an. Auch wird an der Figur der Gretel deutlich, dass Rollen nicht festgeschrieben sind und sich einst eher ängstliche Menschen zu durchaus selbstbewussten, resilienten Persönlichkeiten entwickeln können.

Darüber hinaus bietet das Grimm'sche Märchen aber auch Stoff zur Reflexion der biografischen Erfahrungen mit Lüge und Wahrheit oder Unaufrichtigkeit und Ehrlichkeit. Hier spielt dann das Thema des eigenen Wertegerüsts mit hinein.

Zum guten Schluss

„Eines Tages wirst du wieder alt genug sein,
um Märchen zu lesen." (C. S. Lewis)[21]

Wir haben Sie mitgenommen in die Welt ausgewählter Märchen aus der Sicht der Biografiearbeit. Wir hoffen, Sie haben vielfältige Anregungen und Denkanstöße erhalten für den Einsatz von Märchen in der Biografiearbeit.

Neun ausgewählte Märchen haben wir Ihnen in diesem Praxisbuch nacherzählt, neunmal nach offensichtlichen und verborgenen Motiven darin geforscht – sowie neunmal jeweils ganz unterschiedliche Aspekte für die Biografiearbeit herausgefiltert. Bei allen neun sagenhaften Geschichten haben wir versucht, Ihnen aus unserer Praxis ein Rüstzeug für Ihre methodische Arbeit mit Einzelnen oder Gruppen an die Hand zu geben. Wir hoffen, wir konnten Ihnen damit mehr als neunmal Mut und Lust machen, Märchen im Kontext des biografischen Arbeitens und in der Erwachsenenbildung lebendig und für die Teilnehmer*innen gewinnbringend zum Einsatz zu bringen.

Märchen sind ein wunderbarer Fundus, um mit Menschen in einen fruchtbaren Austausch über das Leben und individuelle Erleben zu kommen. Einen „Aus-Tausch", wie er ja auch im Märchen vom „Hans im Glück" beschrieben wird. Nur dass wir in der Biografiearbeit nicht Goldklumpen, lebende Tiere oder Wetzsteine miteinander tauschen, sondern unsere Erinnerungen, Einblicke in unsere Gegenwart und unsere Gedanken für die Zukunft. Kurz: Wir tauschen unsere Lebens-Schätze. Und wie der Märchen-Hans können wir dabei die Erfahrung machen, dass uns jeder Austausch, jedes Von-uns-selbst-Erzählen und Einander-Zuhören menschlich reifer und innerlich zufriedener macht. Geteiltes Leben – also mit-geteiltes Leben – ist bereicherndes Leben. Wir denken, es wurde deutlich, dass sich dieses „Mit-Teilen" durchaus lohnt: Probieren Sie es aus!

Neben den vielen in den Märchen-Kapiteln jeweils bereits gestellten Lebensfragen gibt es märchenübergreifende Fragen. Einige wollen wir Ihnen hier exemplarisch „on top" dazugeben:

- Welches Märchen war Ihr Lieblingsmärchen als Kind? Was hat Ihnen besonders gut daran gefallen bzw. was hat Sie fasziniert? In welchen Be-

21 Irischer Schriftsteller und Literaturwissenschaftler (1898–1963).

gebenheiten oder Szenen haben Sie Parallelen zu Ihrem eigenen Leben entdeckt?
- In welcher Märchenwelt würden Sie (nicht) leben wollen? Welche Märchenwelt würden Sie künftig gerne einmal besuchen und weshalb?
- Wenn Sie eine Märchenfigur sein dürften, wer wäre es und weshalb? Mit welcher Figur fühlen Sie sich sehr verbunden (und mit welcher gar nicht)? Was würden Sie (nicht) tun?
- In Märchen haben die Protagonist*innen häufig eine große Prüfung oder Herausforderung zu bewältigen. Welche Prüfung haben Sie schon in Ihrem Leben bewältigt? Wie ist Ihnen das gelungen? Was steht Ihnen aktuell an Herausforderungen bevor?

Lassen Sie sich von uns dazu ermutigen, mit dem Inhalt dieses Buches – und besonders mit den methodischen Anregungen – ganz kreativ umzugehen. Vielleicht finden Sie die eine oder andere Idee zwar spannend, aber nicht gerade für dieses Märchen passend? Dann nehmen Sie sich die Freiheit, unsere Anregungen als „Baukasten“ zu nutzen und Methoden aus anderen Kapiteln so abzuwandeln, dass sie zu Ihrer Situation passen. Oder nehmen Sie unsere Ideen einfach als Anfangsfaden, um ganz neue, eigene Ideen zu spinnen. Vielleicht auch, um ganz andere Märchen oder andere gute Geschichten im biografischen Kontext zu behandeln.

Biografiearbeit darf und soll lebendig gestaltet werden. Dazu haben wir Sie ausdrücklich ermuntert. Dennoch möchten wir Sie darauf hinweisen, dass eine solche Arbeit beim einzelnen Menschen sehr in die Tiefe gehen und unter Umständen auch seelische Erschütterungen auslösen kann. Trotz aller Kreativität beim Einsatz von selbsterfahrungsorientierten Methoden – und trotz des stets gebotenen Appells an die Selbstverantwortung der Teilnehmer*innen – trägt der/die Leiter*in eine hohe Mitverantwortung für die ihm/ihr anvertrauten Menschen. Daher sollte stets bereits bei der Planung gründlich bedacht werden, mit welchem Personenkreis man arbeitet, wie Menschen auf die angebotenen Themen, Fragen und Methoden reagieren könnten – und natürlich auch, wie weit man als Leiter*in in der Lage ist, auftretende emotionale Erschütterungen zu erkennen und kompetent aufzufangen. Wie bereits in der Einleitung dargelegt, ist Biografiearbeit in der Hauptsache eine ressourcenorientierte Arbeit. Das heißt, wir arbeiten mit den Menschen auf eine stärkende und die Resilienz fördernde Weise. Deshalb sollte Ihr Motto bei der Planung und Durchführung lauten: Selbsterfahrung ermöglichen – ja! Aber immer behutsam und verantwortlich!

Eine besondere Hilfe bei der Planung Ihres eigenen biografischen Angebots kann es sein, dass im Anhang dieses Buches alle behandelten Themenaspekte in alphabetischer Reihenfolge aufgelistet sind. So können Sie gezielt Themen auswählen, mit denen Sie sich selbst, Ihre Gruppen oder Ihre

Einzelklienten gerade besonders beschäftigen. Gerade bei der Übersicht der Themenaspekte werden Sie feststellen, dass z. B. das Thema „Geschwisterbeziehung“ zweimal Erwähnung findet: einmal im Märchen „Hänsel und Gretel“ sowie ein zweites Mal beim Märchen „Die wilden Schwäne“. Bei genauer Betrachtung werden Sie dann eine jeweils unterschiedliche Schwerpunktsetzung entdecken. So können Sie – wenn Sie mit diesem Thema arbeiten wollen – wählen, welches Märchen Sie einsetzen möchten; oder auch beide Märchen miteinander kombinieren.

Ebenso listen wir im Anhang sämtliche Online-Materialien übersichtlich auf und informieren darüber, wie und wo Sie an dieses zusätzliche Material herankommen.

Unser Dank gilt in erster Linie Ihnen, unseren Leser*innen für Ihr Interesse. Einen besonderen Dank richten wir aber auch an unsere Lehrtrainer*innen von LebensMutig, Gesellschaft für Biografiearbeit e. V. (www.lebensmutig.de). Ihr habt uns inspiriert, mutig und kreativ neue Ideen und Formen für das biografische Arbeiten mit Menschen zu entwickeln, was sich in diesem Buch niederschlägt. Vielen Dank unseren Angehörigen, Freund*innen und Bekannten, die uns den Rücken freigehalten haben, während dieses Buch geschrieben wurde, und die uns dabei mit Rat und Tat zur Seite standen. Zuletzt danken wir dem Verlag, der unsere Publikation wohlwollend begleitet hat.

Anhang

Stichwortverzeichnis der Aspekte für die Biografiearbeit aus den Märchen

Methodenverzeichnis

Abkürzungen:
E = Einführende Methode; V = Vertiefende Methode;
A = Methode zum Ausklang

Austausch

Blitzlichtrunden

Brainstorming

Hinweise zu den Online-Materialien

Die Arbeitsmaterialien können Sie über unsere Internetseite (http://beltz.de) herunterladen und ausdrucken. Sie kommen zu den Materialien, indem Sie auf die Seite des Titels gehen, den Link zu den Materialien anklicken und dann folgendes Passwort eingeben: MärCHen1 (Groß- und Kleinschreibung beachten).

Online angeboten werden:

OM1: Arbeitsblatt „Kränkungen und Stärkungen" ► Aschenputtel
OM2: Arbeitsblatt „Gute Wünsche" ► Aschenputtel
OM3: Vorlage „Blumen pflücken" ► Aschenputtel
OM4: Arbeitsblatt „Kofferpacken" ► Die Bremer Stadtmusikanten
OM5: Vorlage Spielkarten „Katze im Sack" ► Vom Fischer und seiner Frau
OM6: Arbeitsblatt „Gelingendes Leben" ► Vom Fischer und seiner Frau
OM7: Arbeitsblatt „Waagschale" ► Vom Fischer und seiner Frau
OM8: Arbeitsblatt „Glaube, Liebe, Hoffnung" ► Die wilden Schwäne
OM9: Arbeitsblatt „Schatztruhe" ► Die wilden Schwäne
OM10: Textvorlage Traumreise „Mit allen Sinnen" ► Die Prinzessin auf der Erbse
OM11: Vorlage „Textschnipsel" ► Der Eisenhans
OM12: Arbeitsblatt „Meine Wildheit lebe ich heute" ► Der Eisenhans
OM13 bis 17: Vorlagen Würfelspiel „Der Weg zum Glück" ► Hans im Glück

Literatur

Andersen, Hans Christian (1938): Märchen von Hans Christian Andersen. Berlin: Th. Knaur Nachf. Verlag.

Auer, Hansjörg/Hirtler-Rieger, Gesine/Ramsauer, Erika/Ruhland, Silvia (Hrsg.) (2019): 77 Impulse und Methoden Biografiearbeit. Mutmacher für ein Leben in Vielfalt und Wertschätzung, 1. Auflage. Weinheim und Basel: Beltz Juventa.

Bly, Robert (1992): Eisenhans – Ein Buch über Männer. 9. Auflage. Reinbek bei Hamburg: Rowohlt Taschenbuch Verlag.

Frey, Dieter (Hrsg.) (2017): Psychologie der Märchen – 41 Märchen wissenschaftlich analysiert – und was wir heute aus ihnen lernen können. 1. Auflage. Berlin: Verlag Springer.

Grimm (1937): Märchen der Brüder Grimm. Berlin: Th. Knaur Nachf./Droemer Knaur.

Keen, Sam (1992): Feuer im Bauch – Über das Mannsein. 1. Auflage. Hamburg: Ernst Kabel Verlag.

Klingenberger, Hubert (2015): Biografiearbeit in der Seelsorge. Anlässe, Übungen, Impulse. 1. Auflage, München: Don Bosco Verlag.

Leimbach, Bjørn Thorsten (2010): Männlichkeit leben – Die Stärkung des Maskulinen. 4. Auflage. Hamburg: Ellert & Richter Verlag.

Rohr, Richard (2011): Die Männer-Bibel – Meditationen auf dem Weg zur Freiheit. 1. Auflage, Kösel-Verlag München in der Verlagsgruppe Random House GmbH.

Literaturempfehlungen

Beilfuß, Carmen (2015): Ein Himmel voller Fragen. Systemische Interviews, die glücklich machen. 1. Auflage. Heidelberg: Carl-Auer Verlag.

Humbert, Gerd/Kaupp-Herdick, Markus/Korol, Andreas/Rodiger-Leupolz, Michael/Uhl, Manfred/Wölfle, Norbert (2017): gestärkt & lebendig – Rituale in der christlichen Männerarbeit. Selbstverlag.

Klingenberger, Hubert (2016): Biografiearbeit mit Männern. Anlässe, Übungen, Impulse. 1. Auflage. München: Don Bosco Verlag.

Miethe, Ingrid (2017): Biografiearbeit. Lehr- und Handbuch für Studium und Praxis. 3. Auflage. Weinheim und Basel: Beltz Juventa.

Digitale Quellen

https://maerchen.com/andersen/die-prinzessin-auf-der-erbse.php

https://maerchen.com/andersen/die-wilden-schwaene.php